中原经典神话

孟宪明 著

河南大学出版社
HENAN UNIVERSITY PRESS
·郑州·

图书在版编目（CIP）数据

中原经典神话：彩色版/孟宪明著．—郑州：
河南大学出版社，2017.2
　　ISBN 978-7-5649-2695-3

　　Ⅰ．①中…Ⅱ．①孟…Ⅲ．①神话－研究－河南省
Ⅳ．①B932.2

中国版本图书馆CIP数据核字(2017)第031549号

出 版 人	张云鹏
责任编辑	侯若愚
责任校对	田金凤
图片提供	孟宪明
封面设计	侯一言

出　　版	河南大学出版社
地　　址	郑州市郑东新区商务外环中华大厦2401室
电　　话	0371-60993151（人文社科出版分社）
	0371-86059753
网　　址	www.hupress.com
印　　刷	郑州新海岸电脑彩色制印有限公司
版　　次	2017年4月第1版
印　　次	2017年4月第1次印刷
开　　本	889mm×1194mm　1/32
印　　张	9.625
字　　数	170千字
定　　价	68.00元

本书如有印装质量问题，请与河南大学出版社营销部联系调换。

目　录

缀满朝露的神话 ·· 01

第一章　创世造人

盘古
盘古创世 ··· 07

女娲
洪水逃生 ··· 16
女娲补天 ··· 22

姐弟成婚…………………………30

女娲造人…………………………34

女娲造地…………………………39

女娲造山…………………………41

伏羲

伏羲辨方向………………………45

伏羲画八卦………………………50

伏羲造音乐………………………56

第二章　文明肇始

有巢氏

有巢氏学鹰师虎…………………65

燧人氏

燧人氏钻木取火…………………68

神农炎帝

神农辨谷……74
神农降牛……77
神农造镢头……81
神农兴锄……85
神农尝百草……87
神农识经脉……91
神农涧……95
神农与百泉……98

黄帝

炎帝与黄帝……102
黄帝出生……109
黄帝选妻……113
黄帝初战蚩尤……119

黄帝再战蚩尤……………………123

黄帝诛杀蚩尤……………………127

黄帝斩刑天………………………135

黄帝修城…………………………139

黄帝避暑宫………………………142

黄帝试子…………………………146

黄帝修道…………………………151

荆山黄帝岭………………………154

苍颉

苍颉造字…………………………157

节节草……………………………163

阏伯

阏伯盗火…………………………169

第三章　圣贤帝王

颛顼

圣德颛顼……………………177

帝喾

帝喾登天……………………185

尧王

尧王选贤……………………191

尧河源………………………197

舜帝

大舜孝行……………………201

黄河鲤鱼……………………207

水仙花………………………211

夏禹

大禹治水……………………213

启母石……………………217

太室与少室……………………223

禹开三门……………………228

大禹锁蛟……………………234

　　　　　商汤

商汤祈雨……………………239

第四章　王母娘娘

王母洞……………………249

小麦为啥一个穗……………………253

第五章　日月星辰

　　　　　夸父

夸父追日……………………259

后羿
后羿射日…………………………261
嫦娥
嫦娥飞天…………………………266
牛女
牛郎织女…………………………271

第六章　移山填海
精卫
精卫填海…………………………283
愚公
愚公盘山…………………………288

后　记 …………………………295

缀满朝露的神话

神话是先民意识的最初觉醒,是先民为认识世界、解释世界并有意、无意地征服世界而迈向文明的第一大步,代表了当时人们最高的思想水平和科学解读。

神话是信仰的源头,深蕴着民族文化的精神之根和意识之芽。

神话解决的是终极问题,譬如宇宙因何而生,人类因何而来。

神话是用终极的办法解决问题,譬如牛郎星、织女星、梭子星,等等。神话对终极问题的解释和这种解决问题的终极办法在今天的民间社会仍有着壮健的生命,在显示出它至深至巨的影响力。

应该说,随着漫长的历史长河的无情淘洗,原本意义上的神话早已不复存在,这在世界各国尤其是发达国家已被屡屡证明。而在中国,在这个有着五千年历史传承的古老国度,神话却一直被民间以口头的形式涵咏着、保存着、传播着。这是"文化史上的奇迹!"①也是文化奇迹的神妙的创造方式!而保留神话最多、最完整的,就是这块被称作中华文明发祥地的古老中原!从创世大神盘古到繁衍人类的女娲、伏羲,从征服日月的后羿到盗火救世的阏伯,从填海的精卫到追日的夸父,从人文始祖炎帝、黄帝到圣明君王尧舜禹汤……中原,不仅有一个个屹立不灭的传说,而且还遗存着许多圣地、圣迹。正因为如此,所以我们说,在中原,没有哪一块石头、哪一方水洼、哪一株草木未被文化"文化"过!正因为如此,中原的自然景观才常常和人文景观重叠在一起,显示出丰富多姿的风韵与神采。古埃及、古印度、古巴比伦……他们的文化都断流了,他们的神话都固化成了书本上的神话木乃伊。而只有中华民族的文化传统一脉相承,生生不灭,因而在宣于口、入于耳的千古民间才保留了这许多既古老又新鲜的神话。

神话产生于文字之前,是经典前的经典、历史前的历史、文化前的文化、艺术前的艺术。近三十年来,中原神话经过学者们的努力搜集和不懈研究,已经蔚为大观,被国际上称作中原神话学派。神话是民族文化的源头,是民族精神和民族心理、民族意识的根脉所在,是当之无愧的精神瑰宝,也是我们应该保存和发扬的极其珍贵的非物质文化遗产。本书所选,既不是作者的原创,也不是某人的灵感,它们是中华民族世世代代传承和创造的产物。既重古籍可考,尤重口碑

---

① 钟敬文序张振犁《中原古典神话流变论考》。上海:上海文艺出版社1991年5月版第1页。

有传，是古史却比古史丰富、鲜活，是口传却又焕发出精金美玉般的色泽和质感。它们是先民们智慧的灵光，是童话般美丽的哲言，是摇曳着春风，满缀着朝露、从远古一直开到今天的神奇之花。它让我们感到，奔腾在我们血管里的或A或B或O或AB的血液，正回荡着远古祖先们或玎玎琮琮或欻坎镗鞳的泉脉之声。

本书只做了这样两方面的工作：一是根据神话学的理论，对众多丰富多彩的神话材料进行筛选，突出其代表性；二是对所选内容进行了语言加工，力求其文学性。

科学和文学的结合，典籍与口传的结合，这就是此书的价值所在和理想追求。

第一章 创世造人

盘 古

盘古创世①

　　远古时没有天地，也没有世界，混混沌沌的宇宙浑然像一个大蛋，蛋清、蛋黄、蛋壳……伟大的盘古就孕育在这个大蛋里。

　　盘古在混沌中呼呼大睡，一气儿睡了一万八千年，醒来时就长成了一个巨人。盘古慢慢地睁开眼睛——这可是人类第一次睁开眼睛，第一次用睁开的眼睛看世界！第一次睁开的眼睛看到了什么？除了厚重黏稠的黑，浑无边际的黑，什么也没有看到。盘

---

　　①唐欧阳询等编《艺文类聚》卷一引三国吴徐整著《三五历记》云：天地混沌如鸡子，盘古生其中。万八千岁，天地开辟，阳清为天，阴浊为地。盘古在其中，一日九变，神于天，圣于地。天日高一丈，地日厚一丈，盘古日长一丈。如此万八千岁，天数极高，地数极深，盘古极长。后乃有三皇。
　　——汪绍楹校《艺文类聚》第2页。北京：中华书局1965年11月版。
　　梁任昉《述异记》云：昔盘古之死也，头为四岳，目为日月，脂膏为江海，毛发为草木。秦汉间俗说：盘古氏头为东岳，腹为中岳，左臂为南岳，右臂为北岳，足为西岳。先儒说：盘古氏泣为江河，气为风，声为雷，目瞳为电。古说：盘古氏喜为晴，怒为阴。吴楚间说：盘古氏夫妻，阴阳之始也。
　　——江畲经编《历代小说笔记选·汉魏六朝》第165页。广州：广东人民出版社，1981年1月版。

中原经典神话 08

汉代盘古画像砖。下为盘古,上一当为女娲,一当为伏羲

古好郁闷!他站起身,举起长臂,蹬直双腿,张大嘴巴挤住眼,使出浑身力气打出了一个威力无比的哈欠:

啊——

又是一个第一!

这一个哈欠太了不起了,因为打过哈欠的盘古再次睁开眼睛时,他忽然发现,厚重黏稠的黑暗竟被他"啊"出了一道缝隙!

盘古高兴了!

啊——

啊啊——

哈欠打到第三个,只听"轰隆"一声巨响,大蛋裂开,一片光亮透进来。

虽然生在黑暗中,盘古却本能地喜欢光明。他怕这刚被撑开的黑暗再次合上,就伸直胳膊挺直腿,手推脚蹬,使劲儿往外撑。

奇迹出现了:

盘古手推的部分慢慢往上长,一天长高一丈;盘古脚蹬的部分渐渐往下沉,一天增厚一丈。盘古在中间,一天长高一丈。这

河南省泌阳和桐柏交界处有盘古山。山上有盘古庙,每届农历三月初三则有盛大的盘古庙会

盘古庙内盘古殿

第一章 创世造人

庙内的香火正盛

盘古殿内盘古像

样,又经历一万八千年,上升的部分极高极高了,下沉的部分极厚极厚了,中间的盘古极长极长了。上升的部分,人们叫它清气,也有人说它是蛋清,它就是现在的天。所以天总是澄澈透亮。下沉的部分,人们叫它浊气,也有人说它是蛋黄,它成了今天的地。所以地总是朴厚浑黄。天地远离九万里,从此再也不能合上。民间传说天有九重。"九重天",一重恰是一万里!还有,每年腊月二十三,老灶爷骑马上天,到初一五更里回来,一来一回,七昼夜跑完十八万里。说老灶爷的神马日行万余里,夜行万余里,也就是从这儿知道的。

　　盘古开天辟地,一站一万八千年,真是太累了,他就想找个地方歇歇。扭头看见一座山,盘古一屁股就坐了上去,谁知道身体太重,一下子把山头压歪了。盘古一个趔趄,摔倒在地上。被

清人所画荆州一带于十月十六日盘古生日的祭祀盛况

盘古压歪的这座山现在还有，它就是泌阳县境内的歪头山①。

盘古心血耗尽，累倒在地，就再也没能起来。盘古生前虽然开辟了天地，但他并不满足自己的成绩，他还有更多、更好的想法要实现呢！无奈……

奇迹再一次出现：

盘古的左眼变成了光芒万丈的太阳，日日巡视着地下天上。睁开时为白天，闭合时为黑夜。草因之长，花因之芳，万千生灵因之孳繁喧盛。

---

①张振犁、程健君编《中原神话专题资料》第17页《歪头山》。郑州：中国民间文艺家协会河南分会1987年资料本。讲述人：马××，男，40岁，农民。地点：泌阳县盘古山北麓。时间：1984年12月22日。采录：河南大学"中原神话调查组"。该故事流传于泌阳、桐柏一带。

清代雍正年间刊刻的小说《廿一史通俗衍义》上的盘古版画。盘古手持斧、钎，实为"开天辟地"之误读，以为"开天劈地"也

盘古的右眼变成了皎洁明丽的月亮，夜夜挥洒出遍地清辉。眨眼时它是月牙儿，睁开时它是满月。露因之下，霜因之降，风因之夜夜歌唱。

盘古的声音，变成了高天上滚滚的雷霆。

盘古的呼吸，变成了天地间不息的长风。

盘古的头发和胡须，变成了夜空中数不清的繁星。

盘古的肌肉变成了田里的沃土，盘古的血液变成了地上的江河，他虬结暴突的筋脉变成了岗峦起伏的山脉。

盘古身上的皮毛变成了茂盛的草木，盘古撒出的汗水变成了润泽的雨露，他的牙齿变成了金银铜铁种种金属，他的精髓变成了珍珠玛瑙种种宝物，他的灵魂，变成了鸟兽虫鱼和天下的万千黎庶。

盘古死，万物生。从此世上有了人，有了热闹纷繁的世界。

在今天的中华大地上，依然可以看到盘古的身影。东岳泰山是盘古的头，西岳华山是盘古的脚，南岳衡山是盘古的左臂，北

盘古像。出自明代嘉靖年间王圻父子合编的《三才图绘》

岳恒山是盘古的右臂,而中岳嵩山则是盘古隆起的肚子。在济源王屋山的盘古寺一带,有一种石头,一层一层的,像蛋壳般细腻温润,用它制作出来的砚台,研的墨不渗不漏,放一年也不会干,人们叫这种砚为盘砚。这盘砚所用的石头,据说就是盘古打破的那个大蛋的壳壳[1]。

---

[1] 张振犁、程健君编《中原神话专题资料》第4页《盘古寺》。郑州:中国民间文艺家协会河南分会1987年版。讲述人:程玉林,70岁,济源城关人,个体户。搜集人:缪华、胡佳作。流传于济源一带。

女娲[1]

洪水逃生

盘古开天辟地,有了山川河流,有了田野阡陌,男耕女织,一派祥和。我们的人祖爷伏羲和人祖奶女娲就生活在那个时代。

话说有一天,伏羲牵着家里的大老犍去放牛,沿着河边正走,哗啦一声,一只巨大的老鳖(当地人也混称龟、鼋、鳌)从河里冒了出来。这老鳖像一间房子那么大,头就有一个青石

---

[1] 汉刘安《淮南子·览冥训》云:往古之时,四极废,九洲裂,天不兼覆,地不周载。火爁焱而不灭,水浩洋而不息。猛兽食颛民,鸷鸟攫老弱。于是女娲炼五色石以补苍天,断鳌足以立四极,杀黑龙以济冀州,积芦灰以止淫水。苍天补,四极正,淫水涸,冀州平,狡虫死,颛民生。
　——《二十二子》第1232页。上海:上海古籍出版社1986年1月版。
　宋高承《事物纪原》卷一云:《风俗通》曰:俗说天地开辟,未有人民,女娲抟黄土为人。剧务力不暇供,乃引绳絙泥中,举以为人。故富贵者黄土人也,贫贱凡庸者絙人也。
　——《事物纪原》第5页。北京:中华书局1989年4月版。

壁画。反映了今人对女娲神话的认识。

第一章 创世造人

以下四图西华女娲城女娲殿里的壁画。描绘了女娲补天的基本故事脉络：神鳌救助、洪水滔天、鳌足为极、姐弟成亲四个主要情节。

神鳌救助

洪水滔天

鳌足为极

姐弟成亲

第一章 创世造人

碌大小。伏羲哪见过这么大的鳖，吓了一跳，转身就要跑。更让人吃惊的事情还在后头呢！老鳖忽然口吐人言：

别走伏羲，别走！

哎，他知道我的名字！伏羲停下了，怔怔地看着这只巨鳖。

老鳖游到岸边，看看周围无人，就向伏羲道出了天地间最大的秘密：

天塌地陷，人类就要灭绝了！

啊！伏羲一听，哭了起来。

老鳖说，伏羲你别害怕，我就是来搭救你的！来，来，你过来。

伏羲走过去，老鳖就说了如何救他的办法，并嘱咐他千万不能对外人说。

这以后，伏羲再出来放牛，每次就带出一个馍来。

这件事被姐姐女娲发现了。父母早亡，都是她照顾弟弟。每顿饭弟弟都吃得饱饱的，为什么天天出门还要再拿个馍呢？这天，伏羲又来拿馍，被姐姐伸手抓住，说，又不缺你吃的，你为啥天天出去都拿馍？

伏羲本不愿意说，可他一想，女娲是姐姐。姐姐又不是外人，就一五一十给姐姐说了个清楚明白。

女娲听了，也很吃惊。她想了想说：你给我也带一个吧！

中嘛！伏羲这天就带了两个。

老鳖说：伏羲呀，以后可不敢再给谁说了，人多了我可就救不了！

老鳖所说的"天塌地陷"很快就到了，原来是水神共工和火神祝融为了争夺天下而大打出手了。共工一吐水，浊浪滔天；

祝融一喷火，烈焰遍地。两人战了多日，直打得天昏地暗，日月无光。最后共工战败，逃往西北，一头撞到昆仑山上，咔嚓一声把顶天的巨柱撞断了，天塌了半边，天上的洪水汹涌而下，一下子淹没了整个世界。昆仑山被撞残，不周正了，后人就叫它不周山。不周山今天仍然"不周"，它横亘在河南济源和山西垣曲的交界处，见证着滔天洪水神话的遥远与惨烈[①]。

这场灾难来临的那天早上，伏羲又来送馍，老鳖说，伏羲快点儿喊你姐。伏羲抬头看天，只见乌云罩顶，风声凄厉，雷声电火，充塞天地。伏羲扭头就跑。

滔天洪水扑了过来。

伏羲、女娲在前边跑，滚滚巨浪在后边追，房屋、古树，还有村头高高的卧龙岗，转眼间荡然无存。两人跑到老鳖跟前，老鳖喊一声：快钻进来！猛地张开巨口。

弟弟在前，姐姐在后，两人猛扑过去。老鳖嘴巴一闭，一头钻进了滚滚激流。

姐弟俩到了老鳖肚里，才发现先前拿来的馍一摞一摞、整整齐齐地全在里边存着呢！两个人饥了吃馍，困了睡觉，除了有点儿寂寞，倒也没有太多的难过。不知道过了多久，直到馍吃完了，觉睡足了，姐弟俩才提出来要出去。既黑又闷，老在老鳖肚子里谁受得了啊！开始的时候老鳖不同意，说天地还没有长好，后来被两个孩子吵得不耐烦了，才张开嘴，把姐弟俩吐了出来。

[①]讲述人：杨择令，男，70岁，郑州大学教授，济源邵原镇人。现为河南济源邵原文化研究会研究员。记录人：孟宪明。地点：济源邵原镇。时间：2006年11月20日。

女娲补天

姐弟俩钻出老鳖肚子,欢蹦乱跳地爬上一座山顶,睁眼四望:

天还没有长好,横三竖四地都是裂缝子,一股一股的冷风从缝隙间扑下,冻得两人直打哆嗦。地上的洪水也没有消尽,流潦纵横淌向东南,瞅得眼疼也看不到尽头。

姐弟俩呆呆地站在山上。

咋办呢?弟弟看着姐姐。

姐姐就是姐姐。姐姐是要拿主意的。

姐姐说,咱要把日子过下去,只有先补天了!

天咋补呢?弟弟抬头望天。弟弟真的不知道咋补,弟弟

明代万历年间刊刻的小说《列国前编十二朝》上的版画:《女娲炼石补天中柱》

明末画家萧云从的《女娲补天图》

河南西华县于本世纪初的金属雕塑：女娲补天

河南西华县于20世纪90年代的水泥雕塑：女娲补天

河南济源邵原镇从山里流出的天河里，到处都是这样的五色石

的任务是放牛，从来没有拿过针线。

女娲指着遍地的五色彩石，说：就用它补吧！你给我做下手。

好的！弟弟高兴起来。

姐弟俩于是就捡来干柴，熔炼彩石。石头熔成了汁液，女娲就爬上山头去补天上的裂缝。她先补的是那些没有长实的小缝，纵纵横横，她补得很细很密。后补的是那些裂开的大缝，女娲有了经验，也补得令人满意。可是补到后来，她发现地上的五色石用完了，可天上还有好几个窟窿呢！洞中的寒风翻卷而出，吹响着尖厉的口哨。这可怎么办？女娲一时没了主意。鞭子似的风一记一记地抽过来，女娲忽然想起身上的衣裳。她毫不犹豫地脱下来，高举着，扑向肆虐的天洞！

弟弟看见，也连忙脱下自己的衣裳。

寒风怒号，飘飘荡荡的衣裳怎么也不能放稳。"针！"女娲高喊。

针？哪有针？

骨头！地上的骨头！姐姐大声喊。

弟弟忙弯腰捡起地上的兽骨。

姐姐接过来骨头，在石棱上磨一个针锋，急扯下自己长长的头发，穿了，一针一针，耐心地缝补起来。残破的天幕终于补住了。女娲擦了擦额上的汗，抬起头欣赏着自己的成绩：

一闪一闪眨着眼睛的，那是她用头发缝出的针脚，后来的孩子们唤它星星。横天一道宽宽的光亮，那是她弥合天缝

河南济源邵原镇女娲神话之乡的女娲补天雕塑

的印痕，今天的子孙们唤它叫银河。一抹红，一抹紫，又一抹浅蓝，那是她补上天际的衣裳，女娲的后代们叫它做霞光……

女娲和弟弟伏羲正陶醉着自己的劳动，忽然又一股更冷的风吹过来，两人都禁不住打了个寒噤。西北天边，还有一片残破的天没有补上呢！

可是，女娲姐弟却再也没有可用的材料了！

寒风扯起尖厉的喉咙，得意地嘶鸣着。冰雪漫天飞舞。

女娲急了，抠起地上的冰块，高高地举起来，扑向那个喷着冰雪的大洞。

天补好了，再没有一处残破的地方！银河横天，星汉灿烂，月牙儿像一眉笑弯的眼睛。

只是，一到下雨的时候问题就出来了，用五色石补过的天空，雨下得均匀、平和，而用冰凌补过的那块天空，却常常疾雨冷风，五黄六月漫天乱砸冰圪塔，把遍地正长的庄稼打得颗粒无收。所以在济源的王屋山一带，人们就把从西北来的这种雨叫做"不好雨"①。

女娲补天的地方现在还有，它就在济源邵原镇的北山上②。沁阳境内，神农坛东南那座壁立千尺的平顶山顶，当地人也叫它补天台③。天宇辽阔，女娲补天的地方自然不止一处！

天补住了，可是顶天的柱子折了，天撑不起来，低低地压在头顶，让人透不过气来。姐弟俩举起胳膊往上顶，天就高起

---

①见神话《女娲补天》。讲述人：卢一道。采录人：卢娜。采录地点：济源思礼乡思礼村。时间：1983年9月。该故事流传于济源一带。

②讲述人：杨择令，见第21页注释①。记录人：孟宪明。地点：济源邵原镇。时间：2006年11月20日。

③见神话《女娲补天》。搜集人：张正朝、秦太明。流传于沁阳一带。

河南济源邵原镇鳌背山。据说,女娲断鳌足立四极,此山即是被断了四足的大鳌所化

来一些,胳膊一落,天又掉了下来。两人总不能老举着胳膊呀!女娲正犯愁,那只救过他们的大老鳌游了过来。他说,女娲,别发愁,有办法!说过一低头,"喀嚓,喀嚓"咬下了自己的四条腿,说,快拿去撑天吧!女娲心疼得哭起来,她连忙撕下自己的半条裤腿,边哭,边和弟弟一起,扑上去给大老鳌包扎。老鳌的腿没有了,包上去的轻纱变成了他今天四只短短的鳍①。他虽然游得不快,但他游得快乐。

大老鳌粗壮的四肢撑着天幕,苍穹一天天高广,大地一天天旷远,女娲和伏羲一天天开心起来。

后来有一天,伏羲遥望天空,忽然发现一个问题。他问姐姐,太阳、月亮和星星为什么总是从东方升起往西方落下呢?

---

① 见神话《太阳为什么东出西落》。讲述人:王金山,男,已故。汉族,西峡县米坪乡羊沟村人,农民,文盲。记录人:曹丰勤,女,14岁,汉族,西峡县米坪乡高庄村人,学生,初中。整理人:杨平,女,28岁,汉族。镇平县晁陂乡中户杨村人,西峡县文化馆职工,该故事流传于西峡一带。

是呀！女娲忽然想起来，那日撑天的时候太急慌，她把老鳖的两条后腿全放在东边，两条前腿全放在西边了。后腿长、前腿短，东天高，西天低，可不就总是往西方落呀[①]！

[①]神话《日月为啥东升西落》。讲述人：杨永兴。采录人：杨建军。时间：1987年3月于盘龙镇。流传于确山一带。

姐弟成婚

女娲姐弟在山上住下来，饥了吃地里的草籽，渴了喝崖下的山泉。天地寥廓，一个人芽芽儿也没有。弟弟寂寞得慌，对姐姐说，咱俩往外走走，看看还有没有活下来的人。好啊！女娲和伏羲就分头去找。头一天姐东弟西，没有见人；第二

四川郫县出土的东汉女娲、伏羲交尾画像砖

天姐南弟北，仍然没有见人。渐渐地，两人都死了心。日子一天天过去，姐弟一天天长高。地老天荒里，走的有长长短

四川宝子山出土的东汉女娲、伏羲交尾画像砖

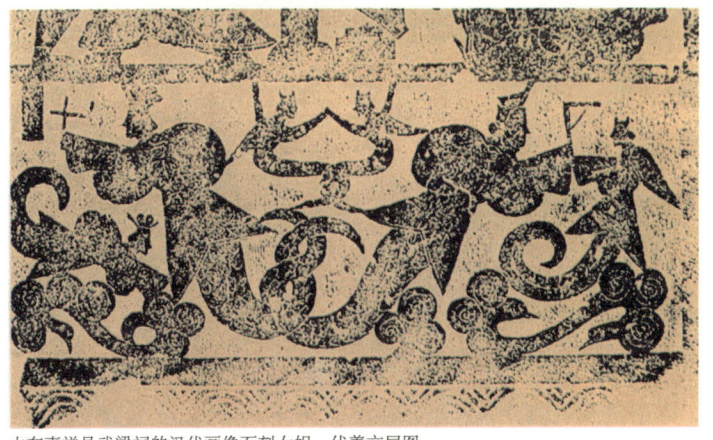

山东嘉祥县武梁祠的汉代画像石刻女娲、伏羲交尾图

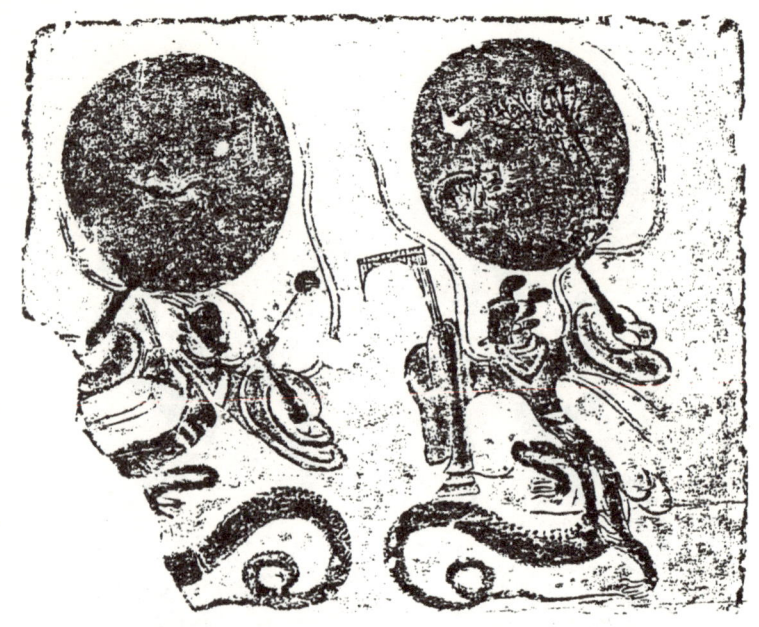

四川崇庆出土的东汉女娲、伏羲交尾画像砖

短的风。有一天，大老鳖忽然又游了过来，姐弟俩一见，连忙上前，摸着老鳖的背亲热得不行。老鳖说，世界上就剩下你们俩了，我来做媒，你们姐弟俩成亲吧！

这哪儿行！姐弟俩一时都不愿意。

老鳖说，这是天意。姐弟不成婚，人类就绝了。

弟弟说，既然是天意，那我们就成婚吧！

姐姐仍然不同意。她说，她藏起来让弟弟找，找到了就是天意。找不到还像现在这样过。

姐姐藏去了。弟弟找不着。

老鳖对着女娲藏身的地方挤了挤眼。弟弟找到了！

女娲还是不同意。她说，她和弟弟在两座山顶上放火，如果两股烟绞合到一起，就是天意。绞合不到一起还像现在

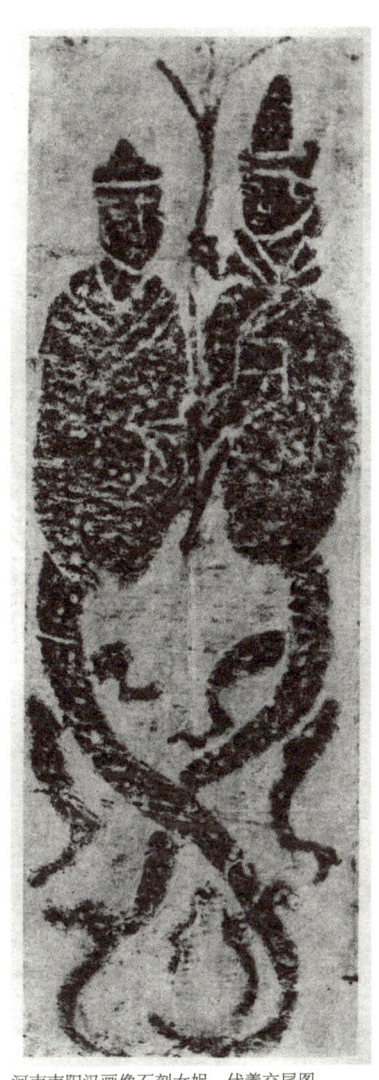
河南南阳汉画像石刻女娲、伏羲交尾图

这样过。

伏羲爬上一座山头,女娲爬上另一座山头。两堆火在两座山顶上同时燃起,袅袅的青烟不管风向,径直飘向一处绞在一起。

女娲还不同意。她说,她和弟弟往天上扔石头,如果两块石头合到一块,就是天意,合不到一块还像现在这样过。姐弟俩各找了一块圆圆的石头,对着天上猛地扔去。奇怪的是,两人扔的是两个方向啊,还没等落到地上石头就合在了一起。女娲无话可说,姐弟成婚了。

漫长的岁月过去,那两块信石还垒垒地叠在一起,据说它就在巩义市老庙山的洪荒沟底,当地人叫它们"阴阳石"或者"父母石"①。

---

①见神话《阴阳石》。搜集整理:石栏。

女娲造人

女娲怀孕了。

女娲怀孕三年，生下来一个大肉蛋子。

伏羲见了，十分恐慌，以为不吉利，抓起肉蛋子埋在了后院里。

女娲不久又怀孕了。这次又是一怀三年。到了分娩那天，伏羲做好饭，烧好水，等着自己的孩子降生，谁知道一生下来，又是一个大肉蛋子。

伏羲失望极了！他掂起肉蛋子，左看看，右看看，姐弟俩辛辛苦苦，怎么就生不出一个活蹦乱跳的孩子呢？就在这时候，他忽然听见肉蛋儿里边有动静。"姐姐你听！"他把肉蛋儿拿到女娲身边。女娲也听见了，说，切开吧，切开看看！

伏羲拿来刀，慢慢地切开肉蛋儿，里边一下蹦出来一群男孩儿！一，二，三，四……整整七个呀！孩子们喊喊喳喳地叫着，样子十分可爱。

伏羲后悔了，他想起了三年前埋掉的那个肉蛋儿！

伏羲飞快地跑到后院，在埋肉蛋儿的地方小心地挖起来。

肉蛋儿找到了，虽然有点儿臭味，但是完好无损。他轻轻地拿刀切开，七个女孩儿从里边跳出来，大声喊着"爹"，齐

向女娲求子。民间有"娃娃山"的说法。此之谓也

往伏羲怀里扑来。后来人们老说女孩儿是臭妮子，想来一定和这件事情有关①！

天地如此高远，人烟如此稀少，光靠伏羲、女娲两人能生出几个孩子？两个人都很发愁。一天，女娲来到河边，拿起地上的泥巴，照着自己映在河里的影子捏起来。很快，小小的泥人儿捏好了。她对着小人儿吹了口气，然后把他们放在地上，小人儿张开嘴巴便喊她"妈"！女娲好感动，她蹲下身飞快地捏起来，捏成了一个再捏一个……这些泥人儿白天里乱跑，迷路了回不来。女娲很惦记他们，就想了个办法，把他们的小脚趾盖儿劈一道缝儿，小家伙们这才老实了！可是到了夜里，小人人儿们你哭我闹，吵得睡不成觉，伏羲、女娲咋也管不过来。女娲又想个办法，就用唾沫把他们的眼沾住。所以直到今天，人的小脚趾甲还是两个，夜里睡觉眼里光长眵马糊②。

不幸的是，这些小人儿很快便死了，女娲很伤心。后来，女娲受到男女成婚的启发，就动员伏羲，各照着对方的样子去捏，女娲捏出的全是男人，伏羲捏出的全是女人，男女两两婚配，人类才得以繁衍不息③。后世敬女娲为媒神，就是从这时候开始的。

泥人越捏越多，一对一对，从太行山下一直摆到黄河岸边。女娲爱美，她想让她的孩子们漂亮，美丽，多姿多彩，就拿起黑、

---

①见神话《百家姓的来历》。讲述人：连金新，男，25岁，初中，农民。搜集人：连海志，男，23岁，初中农民。该故事流传于通许一带。又见神话《开天辟地》。讲述人：宋汪成，信阳县兴旺村人。记录人：宋大勇。记录时间：1987年8月。该故事流传于信阳一带。

②张振犁、程健君编《中原神话专题资料》第101页《太昊》。郑州：中国民间文艺家协会河南分会1987年版。讲述人：刘永民，28岁，曾任民办教师。记录整理：高有鹏，河南大学学生。时间：1983年3月19日。流传于西华一带。

③见神话《女娲造人》。讲述人：张贵同，男，51岁，初中，汉族，文留镇文化专干。采录者：李青霞，女，14岁，初中，文留六中学生。采录地点：柳屯。采录时间：1990年3月。流传于濮阳一带。

白颜料往泥人身上涂。据说今天的黑人就是那时候涂了黑颜料的祖先的后代，白人自然是涂了白颜料的祖先的后代[①]！为了让泥人们身体结实，白日里，女娲和伏羲就把泥人们搬到洞外晒太阳，到了夜晚再一对一对收回去。眼看着泥人儿们就要晒好了，有一天忽然下起了瓢泼大雨。女娲、伏羲收不及，就拿起扫帚往屋里翁（成堆地推）起来。这一翁，有的掉了胳膊断了腿，有的塌了鼻子瞎了眼，世上为什么有残疾人？就是这样造成的。这场暴雨还造成一个严重恶果：本来女娲造人是有原则的，高男配倩女，胖子配肉墩，丑配丑，俊配俊，晒时候是一对一对放好了的，这下子一翁，全乱了套了。俗话说，好汉没好妻，丑汉娶个花滴滴，就是那时候弄混的。还有，为啥有些夫妻过得好有些过得不好呢？也是那个时候弄错对儿了。世上的男女千千万，想找自己的原配真是太难了！女娲晒泥人的地方叫泥人场，现在去沁阳县境内还能找到[②]！

这样造人还是太慢了，天天起早贪黑捏泥人，把女娲累得皮包骨头。"不能想个好法吗？"伏羲心疼她。是啊，女娲也在想这个事。一天，她拿起一根藤条蘸在泥里，提起来猛地一甩，四溅的泥点掉在地上，立即变成了一个个活泼泼的小人人儿。他们欢叫着，跳跃着，向四下里跑去。女娲高兴极了，挥着手里的藤条使劲儿地甩起来。有些泥巴溅上高高的山崖，就成了今天济源境内的娃娃崖。泥娃娃们没有落地，虽然长成了

[①] 见神话《人从哪里来》。讲述人：秦秀花，女，71岁，北郭乡李后庄村农民。记录整理：王广先。流传于武陟一带。

[②] 见神话《泥人场》。搜整人：张子多、张正义。流传于沁阳一带。

河南济源邵原镇东的祈子崖

人形,却没能活起来①!

　　世上的人渐渐多了。这些人都是泥人,都是用泥巴捏的。所以不管洗多少遍,人身上总是能搓下土来。俗话说,吃土还土。人生于土,死了还要再埋到土里去。

　　据说,女娲不但捏了人,还捏了世上万物呢!按照她泥作的顺序,头一天她捏了鸡子,第二天捏了狗,第三天捏的是羊,第四天捏的猪,第五天捏了马,第六天捏了牛,人是第七天捏的。第八天她没有休息,捏的是五谷,第九天捏的是瓜果,到了第十天,她捏了天下的菜蔬。从此,世上应有尽有,人们才过上了丰衣足食的日子②。

---

　　①讲述人:翟钢炮,男,60岁,济源市邵原镇人,当过兵,是当地一个开发公司的董事长。记录人:孟宪明。记录地点:邵原镇东山上。记录时间:2006年11月21日。
　　②见神话《女娲捏泥造人畜》。讲述人:陈明绍,男,70多岁,农民。搜集整理:冬禾。流传于淮阳一带。

女娲造地

人越来越多了，山上住不下，女娲就想让孩子们到别的地方去生活。可是，山下一片汪洋，能到哪儿去呢？女娲决心填平周边的水域，造出一片地来。她把山上的石头扔下去，把身边的泥土推出去，把烧火的芦灰也积下来撒到水里……孩子们见了，肩扛手捧，也都帮着女娲去造地。可是，水毕竟太深，这一点儿功夫很不济事。

女娲想起来了大老鳖！她想请老鳖帮忙给孩子们找一块陆地。

大老鳖来了。大老鳖告诉女娲世界上都是水，根本没有陆地，想要陆地只有自己造。

可是……

大老鳖说，水实在是太深，就在我身上造地吧！

女娲谢过老鳖，于是就把芦灰呀，泥土呀，草、木、金、石呀等等的全都堆放在老鳖背上，一块陆地渐渐形成！泥土越堆越多，陆地越长越大，就成了今天的世界。那些未能掩住的洪水就成了今天的海洋。

天有了，地有了，女娲就分配她的孩子们到山下各处去谋生，有的种田，有的打猎，有的放牧，有的捕鱼……熙来攘往，到处都有了人类的踪迹。

虽然这个世界建立在老鳖背上,虽然大老鳖恪尽职守,保护人类,可它毕竟是一个活物,不能不眨眨眼睛动动腿啊!它一眨眼,大地就要晃动。有时候它实在太累了,也想伸伸腿,扭扭头什么的,陆地上就会房倒屋塌甚至山崩海啸,老百姓叫做"地翻身"或者"老鳖翻身",也就是我们今天说的地震了①!

河南淮阳太昊陵显仁殿里的女娲像,记录了女娲的不朽功绩

---

①见神话《鳖鱼眨眼地翻身》。讲述人:杨永兴。采录人:杨建军。时间:1987年3月于盘龙镇。流传于确山一带。

女娲造山

那时候生存环境很恶劣,地上有野兽,天上有猛禽,吃不饱穿不暖。一到冬天刮北风,人们冻得受不住,生冻疮害瘟病,有时候正在地上奔跑着,一头栽下去就死了。女娲很伤心。她教大家围打野兽,投掷凶鸟,还找到一种叫"芪"的草药,人们吃了它就神清气爽,浑身有力气。它就是今天说的中药黄芪。那时候的人叫它"女娲芪"[①]。

为了有更好的生存环境,女娲想了很久,决心要建造三座大山,挡住北边的寒风。她把自己的想法告诉了伏羲。伏羲这些年也长大了,净听女娲的,他有时候也不高兴。想到女娲又要造山,还要连造三座,造成了她不更张狂!但他也不好反对呀,就说你能造山?女娲说,天我都能补,造座山还不是小事一桩嘛!伏羲说,你说造山很容易?女娲说今天夜里动手,鸡子不叫唤我就造成了。伏羲说,你要造不成咋办?女娲也知道伏羲想当家,说,那就打个赌?你说咋赌吧?伏羲说,你要造成了,我以后还是啥都听你的。女娲说我要造不成,以后啥都听你的!当下俩人打手结掌,就赌上了。

---

①见神话《女娲芪的来历》。讲述人:贾松才,男,65岁,文盲,西华县聂堆乡思都岗村农民。采录人:高有鹏,西华县师范教师。1984年3月记录于讲述者家里。流传于西华一带。

河南西华县的女娲城

河南西华女娲城里女娲殿

当夜深人静时分,女娲悄悄起来,她抓起三把土,往造山的地方轻轻一撒,三座山"呜呜呜"地直往上长,眼看着一寸一寸地高起来。照这个速度,到不了鸡子叫唤,三座山不长个几百丈才怪呢!

伏羲光想当家,一时又没有办法,急得抓耳挠腮的。他忽然想起老公鸡,对,我何不学学公鸡打鸣呢!伏羲于是捏着鼻子,伸直脖子,使劲儿学了几声公鸡叫唤。远远近近的公鸡听见叫声,先先后后地都跟着叫起来。

女娲输了。

从此以后,就啥事都全由男人做主了!

山没有造起来,只长成几个高高的土冈子。后人知道女娲受了屈,就在土冈子上建了一座城,取名"女娲城",也叫三

西华女娲城外的女娲冢

土城。城今天已经没有，三个大大的土冈子还在。每到天朗气清、夕阳西下的时候，三个土冈上就会升起来三股青烟，当地人叫它"娲城夕烟"，千百年来，成就了西华县的一大景观①！

明代崇祯年间刊刻的小说《开辟衍绎通俗志传》上的版画，女娲、伏羲等骑龙云游

---

①见神话《女娲城的传说》。讲述人：张慎重，男，73岁，读过私塾，西华县聂堆乡思都岗农民。采录人：陈连忠，周口地区群艺馆干部。1985年3月记录于西华聂堆乡思都岗村委会。流传于西华一带。

伏 羲

伏羲辨方向[1]

人多了,食物越来越紧张。野兽打完了,草籽吃光了,人们就成群结伙地走往远处寻觅食物。到处荒榛野莽,许多人出去了就再也没有回来,有的被野兽吃掉了,也有的是因为迷失了方向。在家千日好,出门事事难。一说往外走,不少人心里感到恐惧。可是,再难也得去,总不能在家活活等死啊!

一群人又要往外走了。他们相扶相伴,拿着简单的行李,伏羲扛着个篮子来给大家送行。他说:"大家别害怕,我今天是来给你们送方向的!"

---

[1]《易·系辞下传》云: 古者包牺氏之王天下也,仰则观象于天,俯则观法于地,观鸟兽之文,与地之宜,近取诸身,远取诸物,于是始作八卦,以通神明之德,以类万物之情。
—— 《十三经注疏》第86页。中华书局1980年9月版。

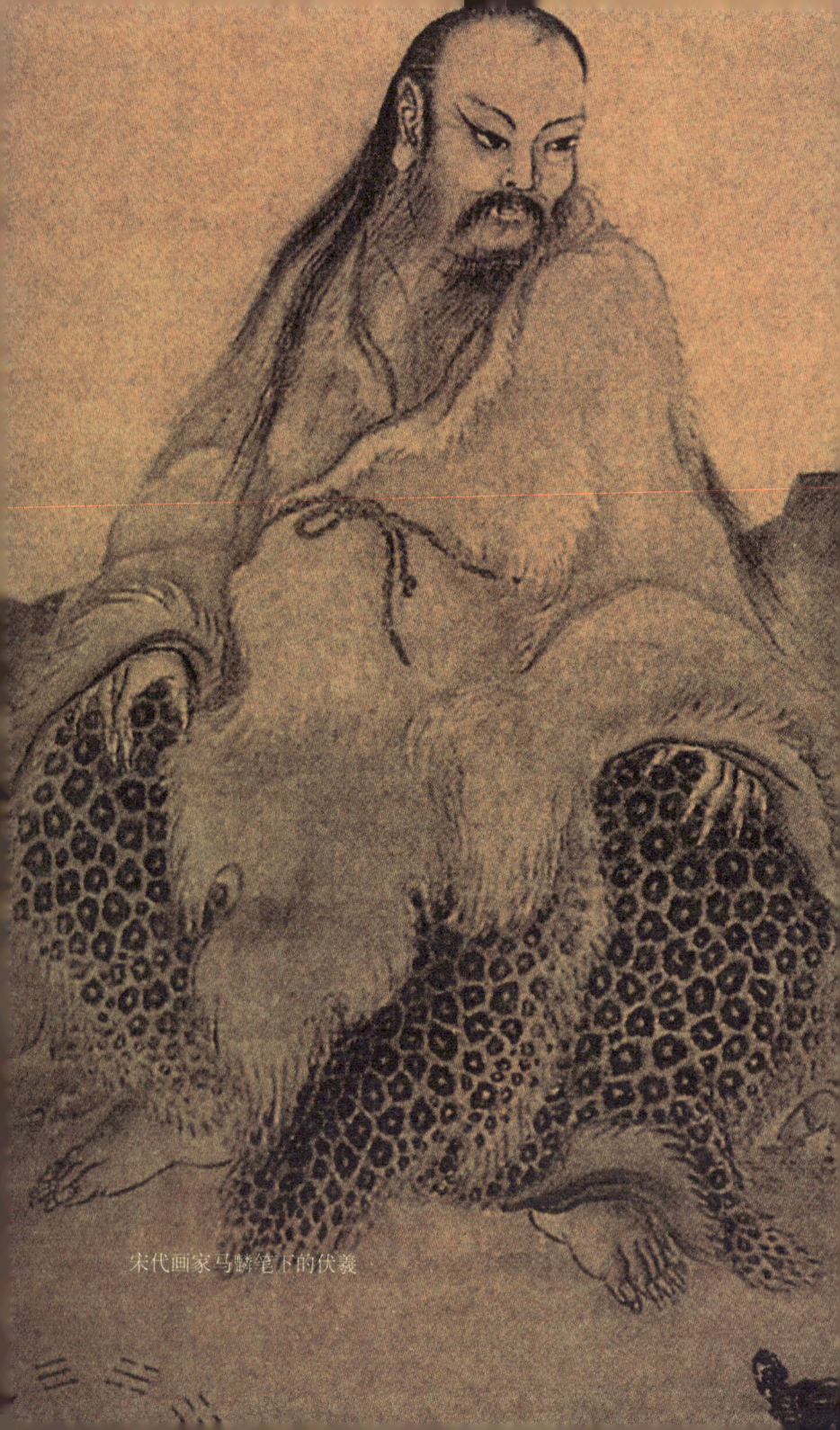

宋代画家马麟笔下的伏羲

河南洛阳卜千秋汉墓出土的彩绘伏羲

大家看伏羲扌了个篮子,就问方向在哪儿?莫非在你的篮子里吗?

伏羲说就在我的篮子里。

大家齐伸了头往里看:

空荡荡的篮子,啥也没有!

伏羲哈哈地笑了,说,我篮子里不空,我扌的是东西!

什么?东西?东、西能扌吗?大家禁不住看了看正在升起的太阳。

伏羲又笑了,说东西当然能扌了。东属木,西属金,木和金哪一样不能扌呢?

有人问,这么说,南北也能扌了?

伏羲说,南北不能扌。南属火,北属水,扌火着,扌水漏。再说,水火不相容,怎么能放在一起扌呢?说罢,伏羲丢下篮子,扭头就走了。

大家愣在那儿,喃喃地消化伏羲的话语。

停了一会儿,一老者哈哈地笑了,说,走吧,伏羲已经把方向送给我们了。大家放心走,我保证再也不会迷路回不到家了!

是吗?有人仍然怀疑。

老者说,东方属木,太阳升起的地方古木参天,那不就是东方吗?西方属金,太阳落下的地方山高地厚,那不就是西方吗?南方热,越走离火越近。正午的时候太阳最近天最高,那就是南方啊。北方水多天冷,太阳从来不去。太阳从来不去的水多的地方那就是北!

是嘛是嘛!人们恍然大悟,齐声应和着。

认清了东西南北,先民们信心倍增,从此不管走到哪儿,再也没有丢失过家乡,没有丢失过带他们回家的那条小路①!

河南南阳汉画像石刻伏羲像,人首蛇身,着冠,上衣下垂,手执华盖

---

①见神话《东西南北的由来》和神话《伏羲教民》。《东西南北的由来》,讲述人:何道守,男,50岁,郸城县汲冢乡文化专干。采录人:王小芬,郸城县文化馆干部。1986年冬,记录于郸城县文化馆。《伏羲教民》,记录人:陈云峰。两故事分别流传于郸城和淮阳等地。

伏羲画八卦

伏羲教民辨方向，别男女，开荒种地，播植五谷。有了粮食，有了固定的衣食来源，老百姓的生活日渐红火。当时在孟津一带的黄河里出现了一只怪兽，它的头长得像龙，有角有须，眼像闪电，身子却长得像马，参差披拂的鬃毛翻卷着无数个漩涡。它在河里翻滚戏闹，千丈浪涛跟着它，一路上汹汹涌涌，势可遏云。它要是一上岸，平地长水，房倒屋塌。人们叫它龙马，说它是蛟龙变成的。

房塌了，地淹了，人们恨透了这匹龙马，就组织起来，

明代万历年间刊刻的小说《列国前编十二朝》中的版画：《龙马负河洛授太昊氏》

明代崇祯年间刊刻的小说《开辟衍义通俗志传》中的版画，表现龙马负图故事

第一章 创世造人

清代雍正年间刊刻的小说《廿一史通俗演义》中的版画，表现龙马负图故事

带上长竿、木棍和它搏斗，不少人葬身水底，但终难挡住龙马的肆虐。

伏羲听说了这件事情，非常着急，连天加夜赶到了这里。

伏羲站在岸边观察着水里的怪物。脱衣下水，他要赤手空拳降伏龙马。那怪物正在水中戏浪，猛抬头看见了岸边的伏羲，咴儿咴儿一声长嘶，刀锋一样从远处疾速游来。奇怪的是，黄河里风平浪静，一个浪花也没有激起。龙马一直游到伏羲跟前，摇头摆尾，温驯地偎依在伏羲身边。伏羲见龙马归附，就拿来一条长绳，把它拴在了一个粗粗的半截树桩上。今天的村子马庄（桩），据说就是龙马被拴的地方。喂河是当时的喂马之地，而雷河则是那时的马圈[①]。龙马是水中瑞兽，离了水活不自在嘛！

龙马在水中会游，在陆上会跑，在空中会飞，漩涡似的鬃毛图案清晰而玄奥。伏羲把龙马牵到一个高高的台子上，仔细地观察，精心地琢磨。这样经过了八八六十四个日夜，他终于发现龙马身上背负的是一个玄妙无比的图案，"一六居下，二七居上……"也就是后人多次说到的河图。龙马为什么要示意他一个玄妙的图案呢？伏羲苦思冥想，受到启发，创造出一个玄之又玄、震惊千古的八卦图来。这八卦图的次序为一乾，二兑，三离，四震，五巽，六坎，七艮，八坤，

[①] 张振犁、程健君编《中原神话专题资料》第88页《负图寺》。郑州：中国民间文艺家协会河南分会1987年版。和同书89页之《负图寺的传说》。《负图寺》，讲述人一：雷北海，60多岁，负图寺前摆烟摊的，文化不多。讲述人二：张从瑞，70岁，摆香烟、花生摊儿的生意人。采录人：张振犁、程健君。时间：1985年4月17日下午。地点：孟津老城大街。《负图寺的传说》，讲述人：张作贞，76岁，农民。搜集整理：褚书智。流传于孟津一带。

清代木器上的龙马负图纹饰

分别对着的是天、泽、火、雷、风、水、山、地。八卦两两相配，又可变化出六十四个卦象，以此作为工具，就可以推演出世间万物、人间万象的真谛来。古书上说，"河出图，洛出书，圣人则之"。就是说的这件事情！

这以后龙马驮着伏羲，疏通河道，为民造福，干了不少好事。

伏羲造音乐

阳春三月，桃红柳绿，伏羲和子孙们来到河边玩耍，有的拔了草编裙子穿，有的摘了花戴头上美，还有的编了柳筐儿去河里捕鱼……看着子孙们欢乐的情景，伏羲高兴得满脸开花。他来到柳树下，折下一个柳枝，用力一拧，柳皮儿脱离了柳骨，成了一个圆筒儿。伏羲咬断一截，放嘴里使劲儿一吹，"嘀嘀唔唔"的声音响起来，十分动听。他发现，如果用力吹，这个小东西的声音就尖细高亢；轻轻吹，就低沉柔软，稍用力，则明亮浑厚。伏羲为自己的发明高兴，"嘀嘀唔唔"地吹个没完。

孩子们被他的表演所吸引，停止了各自的活动，一个个围到伏羲身边，仰起脸听伏羲演奏柳笛。性急的，已经折了柳条请伏羲帮忙了。整个夏天，人人有了娱乐的乐器，天天噙着柳笛吹个没完。

转眼到了冬天，大雪飘飞，柳笛吹不成了，可不懂事的孩子们还是围着伏羲要柳笛吹。

伏羲没有柳笛，就用泥巴捏出各种各样的小动物给孩子们，泥泥狗、泥泥猴、泥泥燕子、泥泥猪……捏泥巴可是伏羲的拿手好戏，他一边捏，一边给孩子们讲女娲补天、抟土造人的故事。可孩子们听了无数遍，不想听了，他们只想要

河南淮阳太昊伏羲陵午门

太昊陵内的主殿统天殿

能吹响的柳笛。

伏羲想,柳笛是两个眼儿,吹一头另一头就响,我是不是在泥泥狗身上也钻出两个眼儿来试试呢?想到就干。伏羲马上拿根小棍儿在泥泥狗头上捅出两个小洞眼儿,他满怀信心地拿起来,轻轻一吹,嗨,泥泥狗真的响起来了!和那支柳笛简直没什么两样,也是用力就高亢,不用力就低沉。

这真是太好了,再也不用受季节的限制了!

造一支,就有人抢走一支;造两支,就有人抢走一双。整个冬天在质朴动听的音乐声里不知不觉地走过去了。

这年的冬天为什么一点儿不冷呢?大家都感觉奇怪!

因为吹响的是"哩哩噜噜"的声音,人们就管这种乐器叫"哩噜",或者"哩哩噜""哩噜噜",反正人们都知道指的什么,怎么说也不会有谁弄错的[①]!

伏羲发明了柳笛,发明了哩噜,发明的兴趣被极大地激发起来了。他索性就在这些泥玩具身上多钻了几个眼儿,两个眼儿的,三个眼儿的,四个眼儿的……最多时,他一气儿在那个大葫芦上钻了七个眼儿,欣慰的是,这些钻了眼儿的泥玩具个个像妖魔附体,舞蹈出一串串燃烧的音符。

宫、商、角、徵、羽,五个音全有了!从此,人们有了自己的乐器,喜、怒、哀、乐,心里有嘴里却说不出来的那些情感都可以用这精灵般美妙的音乐表达了!

直到今天,在河南的淮阳一带,在农历二月初二到三月初三的一个月会期的太昊陵庙会上,"哩噜"仍然有人在卖,

[①]见神话《泥泥狗的传说》。讲述人:马师庆,男,60岁,安岭乡马楼村人。记录人:凌丁甲。记录时间:1986年2月2日。流传于淮阳一带。

统天殿内的太昊伏羲金像

子孙窑。俗说抠一抠即能得子。反映了很古老的生殖崇拜意识

泥泥狗。原始图腾的世俗表演

能吹三个音的泥泥狗，能吹多个音的泥葫芦，涂了色，上了彩，漂亮了一街两行，精神了万千赶会的伏羲的后代。

有人说，艺人们说书时弹拨的三弦，是天皇开始、地皇发展、人皇最后制作完成的。看一看伏羲发明乐器的过程，你不得不承认这是完全有理的[①]！

[①] 见神话《三皇与三弦》。讲述人：王国祥，男，65岁，汉族，文盲，民间艺人，方城县广店乡人。搜集人：吕春合，男，40岁，高中，民办教师。汉族，留山镇关坡村人。1987年10月采录于留山镇关坡村。流传于方城一带。

河南淮阳太昊伏羲墓

第二章 文明肇始

有巢氏

有巢氏①学鹰师虎②

人也是动物。远古时鸿蒙未开,心智未萌。天地就是屋,月亮和星星就是灯。一遇着阴天下雨,无处躲无处藏,只能捆头淋着,要是能有棵树遮遮,有个崖挡挡,那就是天大的幸事了。太阳一睡觉就更为可怕了。因为太阳闭眼的动静太大,普天下的毒蛇猛兽都被惊醒,一下子全蹿出来为害人类。头天晚上伙伴们还一齐欢歌嬉闹,早晨醒来时常常就有人不见了。就是那些小虫子,像蝎子、蜈蚣、蛐蜒,咬一口也让人受不住。所以那时候的人寿命都很短。当时出了一个英雄,他不仅十分勇敢,

---

①战国韩非《韩非子·五蠹》云:上古之世,人民少而禽兽众,人民不胜禽兽虫蛇。有圣人作,构木为巢以避群害,而民悦之,使王天下,号曰有巢氏。
——《二十二子》第1183页。上海:上海古籍出版社1986年1月版。
②见神话《有巢氏打鹰追虎》。讲述人:赵衍生,男,64岁,汉族,荥阳县王村乡蒋头村人,离休干部,大专毕业。采录人:赵子谋,39岁,汉族,荥阳县王村乡蒋头学校教师,中专毕业。1976年9月采录于荥阳县王村乡蒋头村。

清代雍正年间刊刻的小说《廿一史通俗演义》中的版画：《有巢氏构木为巢》

善于捕猎，而且脑瓜儿也灵，遇事总有办法。有一次他打伤了一只老鹰，鹰在前边飞，他在后边追，一直追到林中，鹰飞上高高的树梢，钻进了自己的窝中。他正想上树去捉，天忽然下起雨来，他被淋得浑身是水，鹰却在窝里安然喘息。他想，人还不胜鹰呢！鹰还会垒一个窝遮风挡雨，人就不能给自己造一个巢？他于是爬到树上，仔细观察了鹰巢的做法。然后就找些木棍、树枝，自己学着搭窝。搭了拆，拆了搭，拆拆搭搭了无数遍，一个结实的巢终于造好，他往里一躺，果然又舒服，又安全，比睡在潮湿的地上好得太多了！

人们学会筑巢，全都挪到了树上。太阳睡了，大家都钻进巢里；太阳醒来，大家都出来觅食。人身安全，夜里很少再有人被猛兽吃掉。各部落于是都跑来学习筑巢的技术，公推这位英雄做首领，尊之为有巢氏。

有一天，有巢氏砍伤了一只虎，一气儿追到老虎藏身的洞里。他想，你钻洞里我不怕，我在这洞口等着你，看你出来不出来！等了大半天，老虎没动静。有巢氏急了，就操起石斧钻进洞里，一直走到洞底儿也没见着老虎，正奇怪，猛听见背后有响声。有巢氏急忙转身：老虎从旁边的斜洞逃走了！

有巢氏也不追虎了，他在洞里边看边琢磨，以前人住的洞为什么不安全呢？太浅太直了。何不学学老虎，在洞里再挖个洞，弄得复杂些呢？于是，他发明了套间，窑居也安全起来了。

居住的问题解决了，人口渐渐地多起来。有巢氏又学着鸟音的长短高低，发明了相互间的联络方法，最初的语言从这里生发，很快就长得像风一样大了。

燧人氏①钻木取火

远古时候人不知道吃熟食,抓的鱼,捉的鸟,一律生吃。鱼腥鸟臭,又多有寄生虫,所以人吃了常闹肚子,一泡屎就能拉死人。有一次山林失火,一下子烧死了很多动物。火灭了,人们回来找吃的,发现了不少烧焦的动物尸体,捡起来一尝,美味可口,好吃得很。他们把其他东西也拿来烧吃,味道也比生着吃好。人们知道了火的好处,每吃东西都想放在火里烧烧。可是,火太难管教了!柴少了,害怕灭;柴多了更可怕,它张牙舞爪,左蹦右跳,携着风扑过来,轻则烧伤人,重则连森林和林中的巢都得烧光。人们对火既爱又怕。就这样,一场小雨从这里路过,火还是灭掉了。

---

①战国韩非《韩非子·五蠹》云:上古之世……民食果蓏蚌蛤,腥臊恶臭而伤害腹胃,民多疾病。有圣人作,钻燧取火以化腥臊,而民悦之,使王天下,号之曰燧人氏。

——《二十二子》第1183页。上海:上海古籍出版社1986年1月版。

河南商丘市纪念燧人氏的燧皇陵牌坊

不知道火的好处,多少年也就过了。经历了这场山火,人们再也忘不掉火了!

火!火!

到哪儿能弄到火呢?

又一个英雄出现了,他就是燧人氏!燧人氏当时并不叫燧人氏,他是在发明了火以后才成为燧人氏的。

燧人氏一日外出,正看见几只鸟用长长的嘴在树上敲虫子吃。敲一下树皮,冒一片火星;敲一下树皮,冒一片火星。这棵树被鸟们敲击得一片灿烂。燧人氏大受启发,他于是捡了树枝,用小的钻磨大的,竟然在木头上钻出了火来!

清代雍正年间刊刻的小说《廿一史通俗演义》中的版画：燧人氏钻木取火

这可是个了不起的发明！它不仅让人们吃熟食，给人们健康，还极大地开发了人们的食物来源。远不止这些呢！漫漫寒夜里，火可以取暖，还可以驱散那些心怀叵测的猛兽，给先民们以安宁的身心！火，第一次让先民感到了做人的优越和自信，确立了"人之为人"的身份。人们欢欣鼓舞，感恩戴德，就把燧人氏的美名给了这位英雄。

这种能给人们带来圣火的树也因此有了个神奇的名字——燧木①！

先民们日日用火，燧木树越来越少。燧人氏心生忧虑，万一哪一天用完了怎么办？有一天，碧空中忽然飞过来一只大鸟，翩翩地落在了燧人氏面前，说："不用忧愁，太阳宫里有火，我可以带您去取②！"

燧人氏高兴万分，骑上这只鸟就去了天上。

太阳宫里居住着高贵的太阳公主，满身霞光，美丽无比。她说，您是世间的英雄，有什么要求尽管说，我一定会满足您的！

燧人氏说，我什么东西都不要，只想要火！

好吧，给一块火石你带走，它会让人间永不缺火。

燧人氏虽然带回了火石，却不知道如何让石头生火。一天，两天，一年，两年，矜持的火石不动声色，一次也没有燃起火来。燧人氏忽然生起太阳公主的气，既然不能生火，

---

①清马骕编《绎史》引《拾遗记》云：遂明国有大树，名遂，屈盘万顷。后世有圣人游日月之外，至于其国。有鸟啄树，粲然火出。圣人感焉，因取小枝钻火，号燧人氏。
——《绎史》（一）第5页。济南：齐鲁书社2001年6月第1版。
②张振犁、程健君编《中原神话专题资料》第180页《燧人氏击石取火》。郑州：中国民间文艺家协会河南分会1987年版。讲述人：刘初立、陈肃。搜集整理：刘秀森。

河南商丘市纪念燧人氏的燧皇陵

演员们表演钻木取火

为什么叫它火石！举起来猛摔到身边的石头上。

火光四溅！

燧人氏恍然大悟！

从此，人们又多了一种取火方法。比起钻木取火，敲打火石不但便捷、省力，携带起来也更为方便。有燧人氏的光辉引领，人类终于进入了火的时代。

传说燧人氏活了一百多岁，就葬在今天的商丘附近。人们不忘他老人家的功德，修了一个高大的墓茔。春暖花开时节，后人们齐聚墓前，上供，唱戏，祭奠这位神圣的先祖。

神农炎帝

神农辨谷①

古时候，人们主要靠打猎谋生，抓只兔子，掏个鸟窝，再不然捉几只虫子，饥一顿饱一顿的，常常饿肚子。虽然野草遍地，但人们不知道哪些草能吃哪些草不能吃，更不用说找到粮食了！炎帝身长体伟，力大无穷。他想，要是找到能吃的草让大家充饥，年年长，月月发的，不是就解决问题了吗？他于是拔下几棵大树，把树皮拧成一条粗粗的鞭子，对

---

① 《史记·补三皇本纪》云：炎帝神农氏，姜姓。母曰女登。有娲氏之女，为少典妃，感神龙而生炎帝。人首牛身。长于姜水，因以为姓。火德王，故曰炎帝。以火名官。斫木为耜，揉木为耒。耒耨之用，以教万民。始教耕，号曰神农氏。于是作蜡祭，以赭鞭鞭草木，始尝百草，始有医药。又作五弦之瑟。教人日中为市，交易而退，各得其所。

清马骕编《绎史》引《帝王世纪》云：炎帝神农氏，姜姓也。母曰任姒，有蟜氏女登为少典妃。游华阳，有神龙首感生炎帝。人身牛首，长于姜水，有圣德……以火承木，位在南方主夏，故谓之炎帝。都于陈，又徙鲁。《周书》：神农之时，天雨粟，神农遂耕而种之，作陶冶斤斧，为耒耜锄耨，以垦草莽。然后五谷兴助，百果藏实。

——《绎史》（一）第22、23页。济南：齐鲁书社2001年6月第1版。

着满地的野草"叭、叭"地猛甩几鞭,草们慌慌张张,就一齐跑到地头,等着炎帝去尝了。

炎帝一边尝一边记,能吃的,放在左边;不能吃的,放在右边。籽儿能吃的,就成了今天的粮,茎叶能吃的,就成了今天的菜。他从里边一共选出了五种谷物,就是今天的稻、麦、秫、谷、豆。他采了种子,教人种在地里,从此世上就有了粮食。他用结实的木头做成耜,弯曲的木头做成犁,教人们耕地,播种,收获。从此世上就有了农具。因为他是农耕的鼻祖,人们就称他为神农炎帝。

庄稼种上了,可老天总也不下雨,禾苗渐渐发蔫,有的已经枯萎,似乎戳火就能点着。人们急得不行,纷纷跑到神农身边请他想办法。神农来到地里,看着冒烟的土地一时大怒,他挥起神鞭的鞭杆,对着田里猛捣几下,地被戳出几个洞,数泓清水溢了出来。这就成了今天的井。人们从此知道了在田里打井,可以保证丰收。

神农像。出自明代嘉靖年间王圻父子合编的《三才图绘》

山东嘉祥县武梁祠的汉代画像石刻神农执耒图

神农降牛[①]

秋天来了,大地一片金黄。大豆扛着荚,谷子低着头,成熟的庄稼把香味撒满了整个世界,人们陶醉在丰收的幸福里,说的话都像唱歌一样。就在这时,一个长着两只大粗角的怪物出来了。它来到地里,连吃带糟蹋,把庄稼盘腾得不成样子。人们既恨又怕,不知道它是何方的神灵,急忙跑去向神农报告。

神农拿着鞭到地里一看,啊,这不是牛魔王吗?这家伙力大无穷,八面威风,怎么从天上跑到下界来了?

牛魔王,快住口!这是我种的庄稼!

牛魔王摇头大嚼,根本不理。

神农恼了,他挥起鞭子,对着牛魔王就是一家伙!

牛魔王中了神鞭,扭头就跑。可是庄稼的香味太有诱惑了,它边跑边啃,不愿停嘴。神农又一鞭打去,正中牛魔王嘴唇,血滴在秫秫(高粱)上,秫秫的穗就红了。所以直到今天成熟的秫秫都是红的。牛魔王跑到谷子地,看着狼尾似的谷穗,忍不住低头又啃一嘴。神农跟屁股追上,对着牛魔王再抽一鞭,这一鞭在老牛头上兜了个弯,一下子击中了它

[①] 见神话《神农降牛》。讲述人:张智杰。流传于豫中一带。

神农像。出自明代弘治年间辑刻的《历代古人画赞》。该书是我国最早的肖像版画集

的双角，牛魔王的角就弯了，从此再也长不直。谷穗因为被啃了一嘴，所以尖上也就不再长籽，直到今天都空着。

牛魔王再跑，神农又追。

牛魔王跑到豆子地。圆鼓鼓的豆荚挺着肚子，风一吹，乱摇晃。牛魔王忍不住又想尝尝。它看神农追得紧，快跑了两步，低头再啃。神农真的生气了，哪见过这种无赖，主人在后边喊着撵它还敢抢吃人家的东西！神农不再留情，他瞅准老牛露出的牙齿，来了一记狠的，叭！牛魔王一歪坐在了地上，整整的一排上牙不见了！

神农大步上前，抓住牛魔王的鼻子，捡了根木棍横着往里一插，"嘘——"牛魔王长出一口气，现了原形，一只硕大的黄牛站在众人面前，只是上牙没有了，双角也弯了，威风劲儿减了不少。

老牛，你不是想吃这香喷喷的粮食吗？那就请留下别走，帮助人种地吧！

嘘——老牛不愿意。

神农挥了挥鞭子，老牛害怕抽，就答应了。它舔舔嘴唇瞪瞪眼，说，你们这儿蚊蝇太多，我怕叮！

神农说，这好办！给你个蝇甩子。说着，递过去一把树条子。牛魔王无话可说，接过来插在了自己的屁股后。走吧！有个小伙子过来牵它，黄牛瞪他一眼，跟着众人走了。从此人们种地就有了牛这个好帮手。它要是不听话，人就做一条鞭子拿在手中。虽然不是炎帝的神鞭，可那也够它害怕的了！

古代佚名氏画《神农尝药图》

神农造镢头[1]

有了五谷,有了五谷的种子,神农到处奔走,教人们种粮食,翻山越岭不辞辛劳。有一次他路过一条大沟,看到沟内灌木茂盛野草含油,就舍不得走了。他知道这是一块好地,要是种上五谷,一定会年年丰收。他蹲下来,抓起地上的土一搦,湿漉漉,油腻腻,浓浓的腐土香直冲鼻孔。他于是召集族里的男人,来这里开荒种地。

人们来到沟内,有的一人手薅,有的两人合拔,有的用石片砍,有的用木棍刨,大石头弄不动,就几个人一齐用木棒撬,整整忙活了一个夏天,沟里的地也没有开出多大一片。神农急了,照这样下去,啥时候才能把这条沟开完呢!

天热,活累,心里又急,神农正干着活,忽然一头栽倒在地上。众人慌了,有的喊,有的叫,有的拿水来灌,好半天过去,神农才醒过来。众人见了,缓了一口气。有的人胆小,竟坐地上哭起来。

神农睁开眼,看看这个,这个给他点头;看看那个,那个给他微笑。神农也笑了,他说,他刚才做了一个梦,一个吉祥的好梦!

---

[1] 见神话《镢头沟传奇》。搜集整理:张明、任能政。流传于沁阳一带。

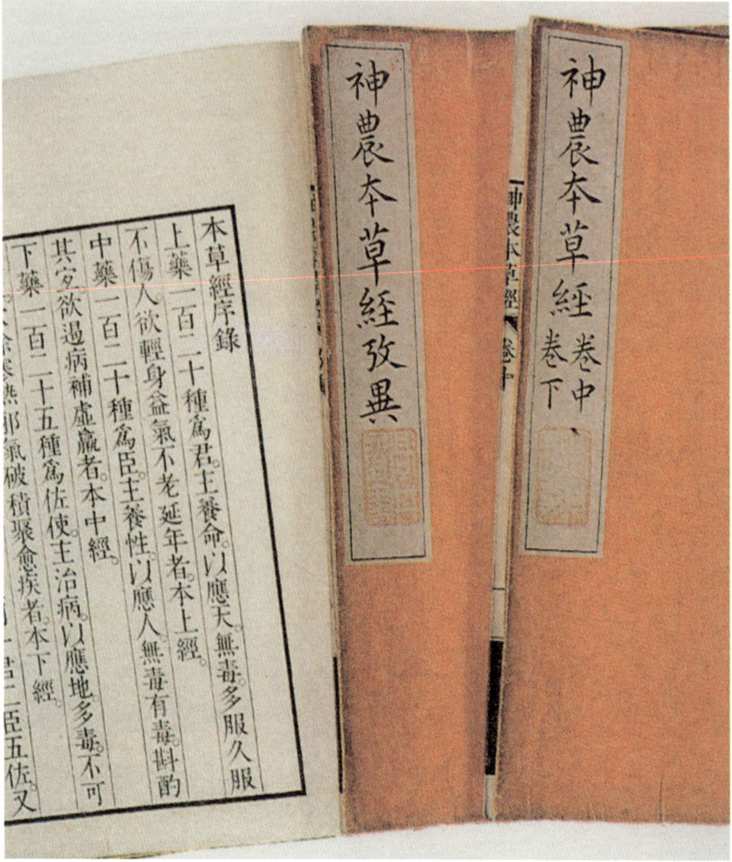

本草經序錄
上藥一百二十種爲君主養命以應天無毒多服久服
不傷人欲輕身益氣不老延年者本上經
中藥一百二十種爲臣主養性以應人無毒有毒斟酌
其宜欲遏病補虛羸者本中經
下藥一百二十五種爲佐使主治病以應地多毒不可
神農本草經攷異
神農本草經 卷中、卷下

《神农本草经》书影

众人齐催他快讲梦。

神农喘了口气,翻起眼看着蔚蓝的天宇,像是回忆美好的滋味,说,他刚才去了天庭,见到了老天爷。老天爷知道他正和大家开垦这个大荒沟。老天爷对神农说,只要你决心干到头,必然会得到宝贝,快下去接着干吧!

是吗?是吗?

老天爷说的还能有假!

大家高兴得眉开眼笑。

神农爬起身,和大家更有劲儿地干起来。开荒的速度加快了,人人都感到有用不完的力气!神农挖着一条树根,这树根又粗又长,怎么也挖不到头。他招呼大家齐过来,挖的挖,拔的拔,根越刨越长了。人们齐心协力,猛地一拽,大根出来了!怪不得这么难刨,原来这条树根被一个细长的钩石挂着呢!神农看见,连忙捡起来,拿起钩石在地上刨了几下,嘿,入地锋利,好使得很!他忽然想起老天爷的话,必获宝物!这难道不是刨地的宝物吗?谢谢老天爷指点!神农扑通一声跪在地上。大家看见,也都忙跟着跪在地上给上苍磕头。

既然是上苍的旨意,那就仿照着做吧!

人们很快造出了许多把钩石,开荒的速度前所未有地加快了。这以后,他们开了十八天荒,造了十八亩地,到了秋天,又打了十八担粮食。所以到现在,当地还流传着这样的话语:立秋十八天,收谷十八担。

为了不忘老天爷的提示,神农就给钩石这种工具取了个名字,叫"决心干到头"。名字太长不好记,就简称"决头"。这条沟叫"决心干到头沟",自然也跟着简化成"决头沟"了。

后来有了铜铁,人们就仿照决头的样子打制农具,虽说还是"决头"的音,写出来就成了"镢头"了。决头沟再一次跟着更名,就成了今天说的"镢头沟"。

神农兴锄[1]

种子撒上了。

禾苗出来了。

看着那些嫩绿的幼芽儿,就像看着初生的婴儿,人们的心里别提有多么高兴了。可是没过多久,问题就来了——

苗出来,草也跟着出来了!而且,草比苗还多,长得还快呢!还有的地方,禾苗竟然被草"吃"掉了。

这可怎么办呢?

人们来找神农。

神农说,这好办,每人手里拿一块石片儿,顺着田垄走,边走边敲,同时嘴里头喊着"草死,苗长;草死,苗长!"就行了。

原来这般简单,大家都很高兴,于是就拿了石片儿、石块儿甚至石头蛋儿,一边走一边敲,一边大声喊着:"草死,苗长!草死,苗长……"有的想省事,一捞汤子喊下去:"草死苗长草死苗长……"只要意思对,草听了马上就死,苗听了很快就长。

渐渐地,人们变懒了。凉快时,去地里一趟一趟地敲,喊;

---

[1]见神话《铲草兴锄》。讲述人:孙文林,男,50多岁,农民。搜集整理:梁士东。流传于桐柏一带。

天热时候，或者刚下过雨地里有泥，就不进去了，只是站在地头敷衍几声。还有的人想的法儿更绝，拿绳子把石片儿拴住挂在田头树上，自己躺在树下，一边凉快一边喊"草死苗长……"就这样，也有一些听话的好草，蔫蔫地死去，那些不听话的坏草便不去死了。地里渐渐长起了杂草。不过，庄稼还是有些收成。

又过了些日子，人们干脆在田头挂起石片儿，自己躺树下呼呼大睡。

草又疯狂起来，苗再次遭了殃。粮食大减，很多地里颗粒无收。

人们急了，纷纷拿起石片儿到地里去敲，没用了！草再也不怕这句无用的圣语了！

人们又来找神农，希望他能让那些草再害怕石片儿。

神农摇了摇头，说，没用了，没用了！你们拿着锄头去地里锄草吧。

从此，人们就天天下地锄草了。正午时候，地被晒干了，草被晒蔫了，不用大劲儿锄，草就不会掉。身上热，心里急，一使劲儿，锄脖子弄弯了。正没办法呢，碰上神农来地里视察，就说，别急小伙子，你把锄翻过来用嘛！

现在的锄都有一个弯，就是那时候弄坏的。不过，翻过来使唤，比正着还得劲儿呢！

神农尝百草

以前打猎吃肉,现在改吃了五谷杂粮,不少人肚子里难受。以前奔跑狩猎,现在顶日头锄地受热,不少人身子骨难受。还有的人身上长疮,流血流脓,痛苦得很!神农和大家一样,也感到身上不适。可是,有的人怎么就没事呢?细细一问,才知道,这些人也难受,只是他们吃了些草根、草叶,难受就跑了!啊,神农知道了,就叫大家都吃那种能治难受的草根草叶。时间一长,神农发现,粮食要轮换着吃,不能老吃某一种。草根、草叶有多种功用,但不能随便乱吃。为了找到更多医治病痛的草药,神农决定放下所有的事,专门去寻。

神农背着个篓子,拿着个小锄,看见一种没尝的草,就拔下来嚼嚼,记下来甘、甜、苦、辛啥味道,认清楚长、圆、扁、刺啥形状,然后再细细体会吃下去的感觉,临走时拔一棵做样品,放篓子里背着。就这样,长年累月,田野里、山坡上、水沟边,神农尝遍了所有的草叶、草根,了解了大量的药理、药性。有一回他尝到山芝麻,不小心把嘴唇扎破,血流不止,把整个芝麻棵子都染红了。现在山芝麻的根为什么是红的?就因为渗进了神农爷的血。所以中药叫它为血参[1]。药材多,

---

[1] 见神话《神农氏尝百草》。讲述人:杨存治。整理人:杨军茂、刘邦项。流传于陕县一带。

中原经典神话

88

明代崇祯年间刊刻的小说《开辟衍义通俗志传》中的版画：神农尝百草

济源市王屋山上的跌篓崖。传说神农采药曾在此处跌落药篓。故此处有谚：天上有多少药，这里就有多少药

药篓子就重。有一次神农正在山上走，药篓子的背挎忽然断了，哗啦一声掉地上，药材撒了满地。药篓落地之处，人们叫它跌篓崖。"天上有多少药，这里就有多少药。"跌篓崖的药材为啥多？多亏了神农这一跌[①]！

神农尝百草，一日七十毒。一会儿冷得发抖，一会儿热得打颤，一会儿狂躁不已，一会儿昏迷不醒。就这样，神农掌握了很多医药知识，他让人饮山泉活水，不饮浊滞死水。他教人吃新鲜食物，不吃霉变饭菜。睡处要干燥凉爽，不可

---

① 《跌篓崖的传说》。讲述人：翟钢炮，详见注18。记录人：孟宪明。记录地点：邵原镇东山上。记录时间：2006年11月21日。

居潮湿腐败。病了要养,虚了要补。还写了《本草》一书,向天下人传授识药辨性、治病救人的方法。据说神农死于断肠草。断肠草毒性甚烈,入口难救!他也知道断肠草不能吃,采过来本是给人们做样子的,没想到误吃进了嘴里。

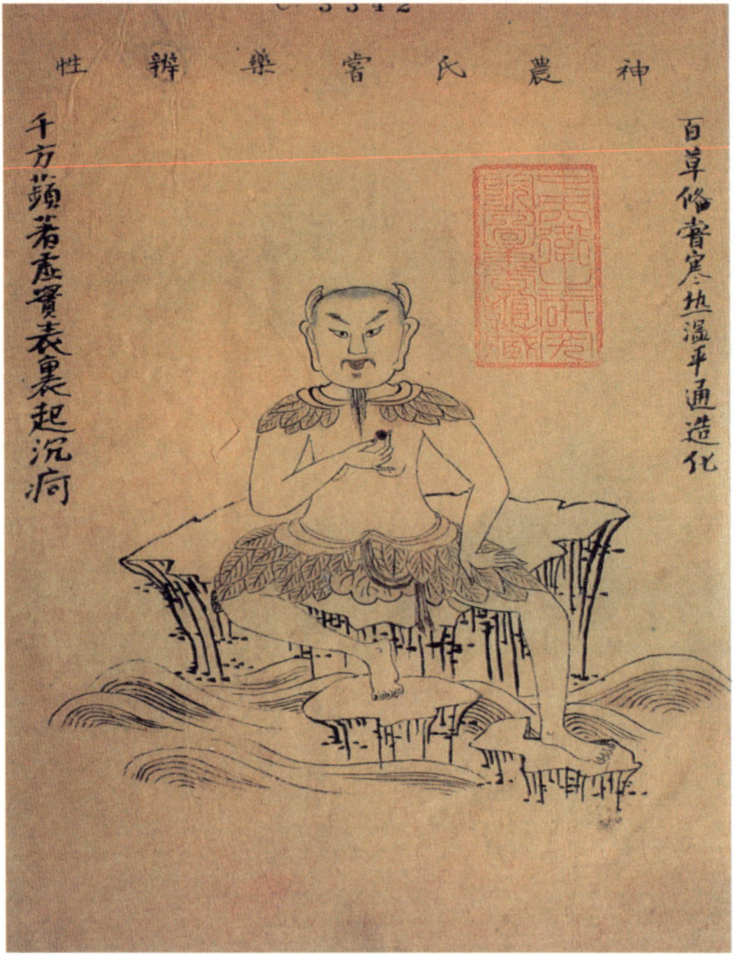

神农氏尝药辨性。出自清嘉庆年间林钟绘《古代医家画像》稿本

神农识经脉[1]

草药治病,这神农知道。

可草药是怎样治病的?它是经过人体的哪些部位才祛除疾病的?神农不知道。

有一天,神农的宝贝女儿花蕊姑娘生病了,腹胀如鼓,一敲咚咚响,疼得嗷嗷叫,虽然服了不少药,但总也不见好转。神农愁得眉头结成了疙瘩。他狠了狠心,一下子抓了十二味药,熬好让女儿服下,就一个人下地里做活去了。他需要安静一会儿!

花蕊姑娘服下这药,疼得更厉害了,头上的汗珠直往下滚。大家看着干着急,没有一点儿办法。正说去喊神农呢,花蕊姑娘忽然哎哟一声,生下来一只小鸟。这鸟儿浑身翠绿,通体透明,叽叽喳喳,活蹦乱跳,看上去像一只机灵的鹦哥。家人吓坏了,都说生了个妖怪,让快点儿扔掉。

神农在地里干着活,心里还在琢磨女儿这病。药对路吗?病能好吗?心里边也不踏实,老抬头往家里的方向看。就在这时候,一只小鸟飞过来,围着神农叫:

---

[1] 见神话《神农十二经脉》。讲述人:梁实,60岁,老中医。搜集人:李成林、谷良喜。流传于沁阳一带。

明代万历年间刊刻的小说《盘古至唐虞传》中的版画：《神农氏教百姓修炼》

明代万历年间刊刻的小说《列国前编十二朝》中的版画：《百姓采草实，帝如问其故》示神农之谦虚好学也

叽叽，外公！叽叽，外公①！

神农正烦，抬手一挥，把小鸟撵跑了。还没来得及做活呢，小鸟又飞过来，还是叫"叽叽，外公！"神农恼了，弯腰拾了个坷垃，嘴里喊着"咻——"对着小鸟投了一下。小鸟飞一圈儿，大胆地落回到神农做活的木锨把上，更响地叫着：

叽叽，外公！叽叽，外公……

神农听懂了，既然一只小鸟喊他外公，那就必有原因！就伸了胳膊说，你要真是我外孙，就请你落在我的胳膊上！

那鸟听了，咻棱一声，就落在了神农的手腕上。

神农举起手，细细地看着这只翠绿的小鸟，小家伙不但长得可爱，而且玲珑剔透，玻璃石一样，五脏六腑都看得清清楚楚。神农一下子明白该如何办了！

神农举着小鸟回到家，家里人害怕，都叫他快把鸟扔了，说是妖怪。神农哈哈大笑说，它可不是妖怪！你们想想，花蕊的病左看不见轻，右看不见好，为什么下了十二味药，生下来这个小东西病就好了？是啊是啊，大家齐点头。它是上苍送给咱的宝贝。就叫它花蕊鸟吧！

神农重又抓来十二味药，他一味一味分开，每熬好一味药，就让花蕊鸟喝下去，透过它透明的五脏观察着药行的经络。随后，自己再喝下，体会着药力行走的感觉。这样，熬一味，喝一味，体验一味，十二味药服完，他终于发现了人体的秘密，原来人有三阴三阳十二经脉。

---

①见神话《神农和花蕊鸟》。搜集整理：都平君、周存旺。流传于沁阳一带。

托着这只花蕊鸟，神农走遍了名山大川、平原沃野。每遇一种药，他总是先让小鸟尝，他观察，记录，研究，走的哪一经，过的哪一脉，有什么感觉，起什么反应，最后再经自己服用，就弄清了可治疗哪一种疾病。他发现，不管哪一种药，总在十二经脉里行走发力，从没有走到过它的外边。从此，神农不仅知道药物的功用，也明白病愈的原理了。

一天，神农来到太行山，捉了金冠虫喂小鸟，没承想这虫子毒性太大，把小鸟毒死了。神农很伤心也很后悔，就寻一块上好木料，把花蕊鸟雕刻在上边，每日托在左手上，以示对它的纪念。现在，庙里的神农爷雕像，左手上托的那一只通体透亮的小鸟，就是这只花蕊鸟！

神农涧[1]

神农采药来到黄河北岸,发现这里的人个个面黄肌瘦,人人萎靡不振。再往前走到今温县一带,情况更严重了,田地荒芜,行人稀少,地里的盐碱白花花一片,风一吹到处飞扬。神农知道,这里一定有大的疾病流行。他看前边有一个老头儿,一歪一歪地走着,就快走几步追上老人,大声问,老人家,这里可是出了啥事?怎么路断人稀、一派萧条啊?

老人抬起头,无力地看神农一眼,唉了一声。

神农再问。

老人站下来:

不是我不说,说了也白搭。

为啥呢?

这里瘟疫大流行,死了多少口子了!叫天天不应,呼地地不灵,都伸长脖子等死呢!除非出个神仙把瘟神杀了,老百姓才能过上好日子!你又不是神仙,不是说了也白搭吗?

神农一听笑了,说,放心吧老人家,我一定想办法把瘟神撵走!

---

[1] 张振犁、程健君编《中原神话专题资料》第1175页《神农涧》。郑州:中国民间文艺家协会河南分会1987年版。讲述人:张振怀。搜集人:石平均。流传于温县一带。

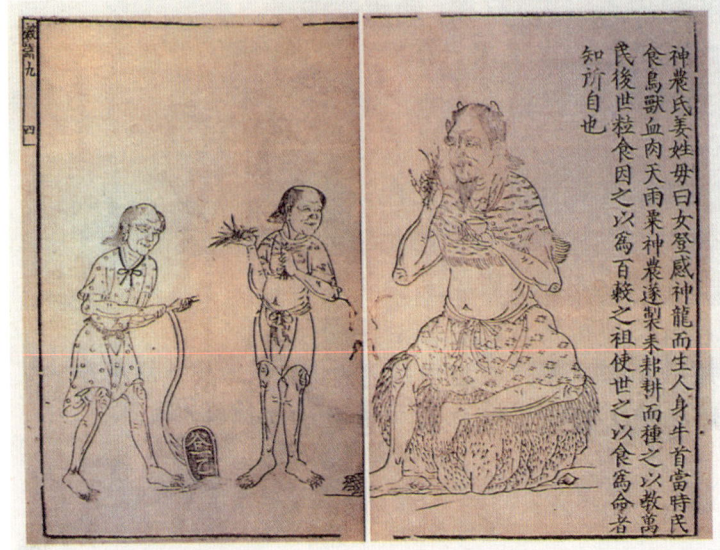

元人王祯《农书》书影

不是撵走,是杀了!

对对,杀了!

神农不敢怠慢,就背上药篓上山找药了。根据他的经验,很快采来了十几种草药,熬成大锅药汤让所有人都喝。人们的病情有所减轻,但就是好不彻底。用老头儿的话说,瘟神舍不得离开。

几天过去了,神农很着急。他在山上,沟里,河边,田头,不停地走啊看啊想啊,他再次看到了盐碱,俗话说,一方水土养一方人。这一方水土为什么不养这一方人了呢?看来不是人出了问题,肯定是水土出了问题!必须改变地貌,根治盐碱。他抽出身上的宝剑,对着脚下的盐碱地猛然划去,山崩地裂一声巨响,一道深涧出现在面前,地下水汩汩流出,紫色雾徐徐飘拂,清爽的空气扑面而来。

这里的瘟疫很快消除,人们又恢复了健康的体魄。土地越来越肥,景色越来越美。人们知道这都是神农的功劳,就把这条用宝剑劈成的深沟叫神农涧。

神农与百泉①

都是一样的药,有的地方,人服下去效果好,有的地方效果就不那么好。这是为什么呢?神农知道,是因为水。药好,水好,效果才能好!

神农决心找到煎药的好水!此念一生,神农就再也坐不住了。

神农背上药篓,拿着药锄,在山上一边采药,一边访水。俗话说,山有多高,水有多高。神农走遍了八百里太行,山之巅,水之渊,他都找了个遍。虽然寻到多处可用的水源,但总感觉不是十分中意。这天,他沿着一道高高的山梁往下走,山梁上古木参天,浓荫如盖,山崖边绿草丰茂,鲜花盛开,他感到很惬意,身上的疲劳一扫而光。沿着山梁走到尽头时,一片湖水映亮了眼睛。他快步走下来,但见满湖珍珠闪烁,一池跳玉翻腾,泉如龙喷,水如紫晶。他弯腰捧起喝了一口,哎哟,甘甜清冽,沁人心脾。这不是要找的煎药的上等好水吗?他禁不住又喝了几口。

它就是今日苏门山下的百泉。

---

① 见神话《神农采药到百泉》。采录人:冯云霄。流传于卫辉一带。

清代雍正年间刊刻的小说《廿一史通俗演义》中的版画：《神农氏教民稼穑》

第二章 文明肇始

传说神农晚年南巡途中误尝毒草而亡,葬之湖南酃县白鹿原。此为神农炎帝陵

神农在泉边住了下来，他一边继续去山上采药，一边为当地的老百姓看病。由于百泉水质纯净，疗效倍增。消息传开，天下百姓纷纷前来求医看病。美不美，百泉水。百泉一时遐迩闻名。百姓们男耕女织，安居乐业，村村歌唱，户户欢乐，再也没有人给太行山黑龙洞里的老龙王上供烧香了。龙王知道后大为光火，就跑到百泉来捣乱，他要让百泉变泥潭，珍珠变臭水，坏了这里的泉脉。神农大恼，挥起长剑和黑龙王恶斗了三天，龙王战败，逃进深山的黑龙洞里再也不敢出来。

　　百泉水又清了，泉花翻滚，澄澈见底。神农想，要是他走以后黑龙王再出来捣乱怎么办？绕着湖水走了三圈，神农终于有了办法：龙王想收走的是珍珠，我让珍珠出水即散，龙王不是就收不走了吗？所以，现在的百泉水，涌出的水花离泉即化，就是那时候神农的功劳。为了防止黑龙王把水搅浑，神农还想出办法，把淤泥清到下游去建造良田，湖底全部铺上干净圆润的鹅卵石，从此以后，千载不竭的百泉水再也没有浑浊过！

第二章　文明肇始

炎帝与黄帝

炎帝和黄帝是一奶同胞。父亲是少典氏部落的首领少典，母亲是有蟜氏的女儿女登。他们都是女娲的后代。炎帝人首牛身，在姜水边长大，所以姓姜。黄帝身材伟壮，长在姬水边，所以姓姬。父亲看他们弟兄俩如此优秀，心里既高兴又担心，怕他们日后闹气，就把天下一分为二，让两人分开治理①。老大去了陈丘（今淮阳一带），老二仍居有熊（今新郑、新密一带）②。

炎帝尝五谷，鞭百草，声名显赫，附近的部落都归顺了他。

---

①《国语·晋语四》云：昔少典娶于有蟜氏，生黄帝、炎帝，黄帝以姬水成，炎帝以姜水成……黄帝为姬，炎帝为姜。
——《国语》第173页，济南：齐鲁书社2005年5月版。
《新书》云："炎帝者，黄帝同母异父兄弟也。各有天下之半。黄帝行道而炎帝不听，故战涿鹿之野，血流漂杵。"
——清马骕《绎史》（一）第30页，济南：齐鲁书社2001年6月第1版。
②见神话《阪泉之战》。搜集整理：刘文学。流传于扶沟一带。

黄帝宽厚有德，治国有方，有熊国被他经营得兵强马壮，国裕民富。原先跟着炎帝的那些部落见了，又都纷纷来投黄帝。

炎帝知道了，非常愤怒，以为是弟弟暗中动了手脚，于是就兴兵问罪。黄帝知道了，就在阵前解释，炎帝哪里肯听，弟兄俩于是在阪泉大打出手。

炎帝是条火龙，他腾空而起，对着黄帝喷出漫弥天大火。

黄帝是条水龙，他也跳上空中，对着炎帝喷出滔滔白水。

两人在空中拼命争斗，一红一黄，你冲我突，霹雳连天响，乌云满地翻。地上的士兵仰着脖子，一个个看得目瞪口呆。

两人战了多时，黄帝渐渐不支，化做人形，败回阵中。炎帝的士兵看见，一声呐喊，齐冲上前，把黄帝的军队打得大败而逃。

第二天，炎帝又来叫战。黄帝苦想对策，闭门不出。一连三天，黄帝不战，到了第四天，黄帝出阵了。炎帝一见，鼓噪上前。将军摇旗，士兵呐喊。炎帝现出火龙神形，飞上空中欲抓黄帝。黄帝也腾空而起，化做黄龙，迎战炎帝。兄弟俩像两股子旋风，一股子火焰翻卷，一股子白水汹涌，整个天空像开了锅，满世界都是瓢泼般的热雨。开始时，双方的士兵兴高采烈，不大一会儿就受不住了，喊叫着纷纷躲藏。二人战了半个时辰，黄帝再现弱势，一扭身就往西北逃去。炎帝奋力追赶，一直撵到洧水河边，黄帝一头扎进河里，再也不肯露头。炎帝不知是计，也跟着钻进河水。河里水多，火势就小了，黄帝和炎帝就能打个平手。两人又战了半个时辰，黄帝再退，退到洧水深潭。炎帝不放，也跟着追了过去。

炎帝陵内供奉的神农炎帝塑像

潭大水深,黄帝得心应手,水喷如虹。炎帝就有些力不从心了,喷火不成,只能挨打。

洧水是黄帝的辖区,属有熊氏的地盘。这天,黄帝的老婆嫘祖,一大早就带着众人来到了洧水潭边,原来,黄帝夜里给她托梦,让她蒸了馒头,前来助战。嫘祖把队伍分成两班,一班儿举着黄旗,抬着馒头,一班儿打着黑旗,抬着石头。当他们看见黄龙从潭中跃起,马上就摇动黄旗,高喊口号"黄龙胜！黄龙胜！"对着黄龙扔馒头。当他们看见红龙跃出水面，立即摇动黑旗，高喊口号"红龙败！红龙败！"对着红龙扔石头。兄弟俩从上午战到下午，又从下午战到黄昏，黄龙吃了馒头，越战越勇；红龙挨了石头，渐渐不支，终于被黄龙咬了一口，鲜血喷流，把潭水都染红了。红龙长啸一声，跃出水面，急急逃走。黄龙也不追赶，谢了众人，顺着洧水河回到了自己的阵中。二龙相斗的洧水潭至今还在，只不过名字早已改过，它就是闻名遐迩的双龙潭。潭边有一个千人大寨，村以潭名，自然也叫双龙寨了。它们都在今天的新郑市境内①。

炎帝中计战败，很是不服，养好了伤，就起来操练兵马。这消息很快就传到黄帝这里。他马上召集文臣武将，商讨应对方略。黄帝有一个大将叫力牧，以前是一个放牧的，养牛牧马自然是拿手好戏，但他的本事可不光表现在这儿，他还有一手更厉害的，就是驯养虎豹熊罴。他向黄帝提出，是不是让他驯养的这些野兽上阵试试。黄帝和众臣们听了都笑，因为从古到今，还没有见过虎豹熊罴上阵打仗的。力牧说，别笑，大家看看便知。于是，众人便跟着他上了具茨山。

黄帝和大臣们坐上观兽台，力牧就去了老虎洞。老虎洞是驯养野兽的地方，并不是光养的老虎，还有熊、罴、貔、貅、貙，一种兽一个洞。好在老虎洞有的是洞，野兽千只并不嫌多。

力牧吹响了牛角号：嘟——嘟——嘟——，一连三声。

---

① 见神话《双龙寨的传说》。搜集整理：刘文学。流传于新密一带。

六兽们听见号令,齐刷刷排好了队站在洞口,但等驯兽人开门。

驯兽人打开洞门,熊、罴、虎、貔、貅、貙走出洞来,齐站在阳光下。

力牧手执丈八长鞭,猛地甩了一响:

叭!

六兽们一个激灵,猛地昂起头来。

嘟——嘟——嘟——,力牧又吹了三声。

驯兽人举起兽旗迈步走,六种兽各跟着自己的旗帜往前行。阳光下,红、黄、灰、棕、黑、白,煞是壮观,把黄帝和众臣看得目瞪口呆,好一阵子才想起来欢呼喝彩。

六兽的队伍停在台下。

咚、咚、咚!

力牧击鼓三通。

六兽前走三步。

梆、梆、梆!

力牧敲击鼓圈。

六兽后退三步。

力牧啊,怎么样让它们进攻敌人呢?黄帝大声问。

力牧忽然擂鼓连声:咚咚咚……

六兽们列队正静,忽听见阵阵鼓声,温驯的样子登时全无,一个个舞爪张牙,面目狰狞,疯了般向前猛冲。

嘟——嘟嘟——

嘟——嘟嘟——

力牧再次吹响牛角号,六兽们停止进击,一掉头又列队跑了回来,一个掉队的都没有。

太神了!真是太神了!黄帝喜笑颜开,赞不绝口。

炎帝又来进攻了!粮草充足,将强兵精,他们越过阪泉,直往有熊进逼。

黄帝成竹在胸,带了军师风后,又带了力牧、常先、大鸿等大将,迎着炎帝而来。

两军相遇,炎帝的军队摆开阵法,勇猛向前。黄帝的队伍拼死抵抗,且战且退。到了后半天,军队退到了一条深沟里。炎帝的将士一看地形有利,更有力地冲击过来。就在这时,牛角号的声音在他们背后凄厉地响起:

嘟——嘟嘟——

嘟——嘟嘟——

熊的队伍。

罴的队伍。

虎的队伍。

貔的队伍。

貅的队伍。

貙的队伍。

猛虎下山,野兽出洞,兽兵们潮水一般直扑过来。开始,炎帝的队伍还以为又是黄帝的花招,故意穿了野兽的衣服吓人呢,一个个挺着兵器准备搏斗,到了跟前才知道是真的野兽……①

---

①见神话《力牧驯兽战炎帝》。搜集整理:刘文学。流传于新密一带。

炎帝多次战败,才发现弟弟的本领比自己强。自己只知道排练阵法,动用武力,死伤了很多将士。弟弟却多用智慧,善驾外物,把猛虫野兽当兵用,真是一位体恤下民、爱惜生命的明君!炎帝一连三天,闭门思过,嘴里不住地咕哝着:吾不如也,吾不如也……

第四天早上,炎帝穿了便服,只身前往黄帝的大营。

兄弟俩执手相望,想起父母当年的苦心,想起儿时玩耍的情景,都流下了滚滚热泪。当听到哥哥说,他的部落要合过来,请自己做盟主时,黄帝执意不肯,一定要哥哥和他共同治理!炎帝是哥,黄帝是弟,所以被后世称作炎黄二帝。

兄弟俩来到具茨山上,来到爹娘的坟前,点燃香烛,摆设供品,长跪以告先人英灵,痛悔的眼泪把膝下的土地都打湿了。说也奇怪,第二年春天,就在炎黄二帝泪水打湿的土地上,就在少典夫妇高大的土坟前,长出了一株别样的茁壮的草来。这种草,春天里并蒂开花,夏天里长出双荚,到了天高风清的秋日,一拃长的两个棒荚支叉开,像一对挺拔的羊角,忽然一夜霜风,成熟了的两个棒荚就会扭结在一起,扯不开,薅不断。人们感念炎黄二帝的真情和功德,都叫它"炎黄和睦草"。这种草很快长满了具茨山野,到今天仍然是当地的一道风景呢[①]!

[①]见神话《炎黄和睦草》。讲述人:郭大山。搜集整理:张永林。流传于新密一带。

黄帝出生

正是暮春时节,少典扛着木耜前头走,老婆附宝端一斗谷子跟在后头,天很好,不冷不热。心情也好,夫妻俩走着说着话。他们是到地里种谷子的。

妻子一抬头,看见太阳边长了月牙儿般大的一块儿黑,就说你看是咋着了?等丈夫抬头看时,那块儿黑已经变成了半个锅饼。两人站下来,齐看着越来越小的太阳,心里十分紧张。忽然,太阳不见了,黑夜骤然来临,满天星斗晶亮亮眨起眼来。两人害怕了,长这么大,还是头一次见到这种情况。正不知如何是好,忽见一道电光划过天空,直奔北斗七星而去。两人惊恐地看着。那电光绕着北斗旋转,把大地映照成一片青白。"哎哟!"妻子忽然轻喊一声,一下子抱住自己的肚子,满斗的谷种撒了一地②。

咋回事?咋回事呀?丈夫连忙拉住妻子。

妻子镇静下来,说,没事,我感觉有啥东西钻进我肚子

---

①徐坚等撰《初学记》引《帝王世纪》云:黄帝,少典之子,姬姓也。母曰附宝,见大电光绕北斗枢星照野,感附宝而生黄帝于寿丘。龙颜,有圣德,受国于有熊,居轩辕之丘,故因以为名。
——《初学记》第196页,北京:中华书局2005年1月版。
《史记·五帝本纪》云:有土德之瑞,故号黄帝。黄帝二十五子,得其姓者十四人。黄帝居轩辕之丘。而娶于西陵之女,是为嫘祖。
——《二十五史》(1)第7页,上海:上海古籍出版社、上海书店1986年12月版。
②见神话《黄帝降生》。搜集整理:郭城。流传于新密一带。

明代万历年间刊刻的小说《列国前编十二朝》版画一：轩辕母见电绕北斗生子

明代万历年间刊刻的小说《列国前编十二朝》版画二：轩辕用指南杀死蚩尤

明代万历年间刊刻的小说《列国前编十二朝》版画三:帝与群臣议制冕旒玄衣

明代万历年间刊刻的小说《列国前编十二朝》版画四:帝同元妃骑龙上天

里去了。

妻子怀孕了!

俗话说,十月怀胎。黄帝的母亲怀黄帝可不是十个月,而是整整两年!到了第三个年头,又是暮春天气,又是去种谷子,少典和妻子恰恰又走到轩辕土丘,黄帝出生了。抱起肥肥大大一个胖小子,少典高兴得合不拢嘴,按照当时的风俗,少典给儿子取了个名字,叫轩辕。

轩辕是天神下凡,自然有灵异之气。他出生后的三天时间里,村子里紫气弥漫,香气不散。人人都感觉心情舒畅,浑身有力气。黄帝一生下来就会说话,小孩时就聪明过人。他见人们在树上结庐居住,就劝大家住到地上,还亲自动手在地上建造了房子,连他的大哥神农都很佩服他的本事呢!

黄帝选妻

转眼成青年,到了该婚配的年龄。黄帝既英武漂亮,又本领高强,自然是女孩子们心仪的对象。可是,黄帝似乎还没有考虑过此事,整天忙于有熊国的事务。他的父母自然也很着急,特别是母亲,都催过他好几次了。黄帝说,找媳妇不难,难的是找一个懂道理、有本领的人。娘说,眼前的女孩儿这么多,要才有才,要脸儿有脸儿,难道就没有一个合适的。黄帝笑了笑,他一定要找自己中意的。

新郑黄帝故里的先蚕嫘祖塑像

有一次黄帝外出打猎,因为追赶猎物跑累了,就坐在石头上休息。这地方离家远,黄帝来得少,他好奇地看着下边一片茂密的树林。这是什么树?有熊国怎么没有呢?他站起身正要看个明白,猛听见树林里有女孩子的歌声。黄帝停住

脚。

一个圆圆的篮子。

一片彩霞般的裙子。

当姑娘完全从树林里走出来的时候,黄帝一下子看呆了,这是什么样一身炫目的衣服啊!

嫩绿的草地汪着浅浅的水流,蜜蜂啊,彩蝶啊,嗡嗡嘤嘤地飞啊舞啊,却一只也掉不下来。风摆裙裾,云飞霞映……比起自己身上的兽皮衣服,黄帝忽然感到了一丝自卑。

女孩子见有生人,扭脸又钻进树丛。

黄帝醒过神来,大步追了上去,高喊一声姑娘留步!

女孩子扭过脸来。这时候,黄帝才看明白,虽然衣服漂亮,女孩儿长得倒不怎么样。不仅脸黑,还有麻点儿。

大哥有事儿?姑娘落落大方。

黄帝低下羞涩的头,说我叫轩辕,是有熊国的。你这身衣服是用什么皮做的?能不能说给俺有熊氏听听?

女孩儿一听是轩辕,立即热情起来,原来您就是有熊国的轩辕啊?俺可是早就听说过您!两个青年一见如故,并肩坐在林边的石头上,一下子说了很久。女孩儿说她叫嫘祖。她告诉黄帝,她身上的衣服不是兽皮,是绸。

绸?绸是从哪里来的?

嫘祖说,绸是用细细的丝线织成的。

丝线?丝线又是从哪里来的?黄帝这回真的感到自卑了。

嫘祖笑了,她指着篮子里的树叶子说,就是从这树叶里变出来的呀!

什么什么?不骗人吧?

女孩儿又笑了。

女孩儿这么爱笑，看来不像是骗人！

女孩儿笑了好一阵儿，才喘着对黄帝说，这是桑叶，这片林子叫桑林，她养了很多专吃桑叶的天虫。天虫会吐丝……

黄帝终于听明白，这衣服却原来这般奇妙！

那，嫘祖，您在哪儿学的这神奇的本领呢？黄帝感觉太有意思了，他的问题总也问不完。

嫘祖一听这问，立即就不笑了。她叹了一口气，眼圈儿就红了。

对不起嫘祖，我不该……

不不，轩辕，我很想告诉你。嫘祖拭了拭眼睛，就把她的身世告诉了黄帝。

嫘祖是西陵氏的女儿。她的娘死得早，爹又娶了个后娘，待她和妹妹很不好。她和妹妹经常挨打受气，忍饥挨饿。有一年冬天大雪纷飞，后娘忽然想吃鲜桃，要她们姐妹俩上山去找。大雪天哪儿有仙桃？她们明知道找不着，可又不敢不去。两个孩子冒着大雪，深一脚浅一脚地往山上爬去。说来神奇，她们走了一天一夜，就看见一棵高大的桃树，青枝绿叶的很精神。她们走到树下，仰起头来瞅树上，希望能找到几个鲜桃。没有！姐妹俩哭起来。天又冷，雪又大，又饿又累，姐妹俩抱在一起，哭着哭着就睡着了。等她们醒来时，身边就站了一个白胡子老头儿。这老头儿拄一个拐杖，说一句话就用拐杖捣一下地。他说，快起来吧，这么大的雪会把你们冻死的。你们听我的话往前走，会有好心人帮助你们的。

遇见好心人了吗？黄帝的泪水一直在眼里打转。

新郑黄帝故里的先蚕嫘母塑像

　　我们一直往前走，走着走着，雪少了；走着走着没雪了；走着走着就看见一片茂密的树林，就和咱眼前的景象差不多的一片树林。

　　桑林？

　　对，桑林。桑林里跑出来一群穿着白纱长裙的姑娘，她们又美丽，又善良，一个个都像亲姐妹一样。她们住的是白色的房子，挂的是金色的帐幔，穿的是彩云的衣裳。她们白天采摘嫩绿的桑叶，晚上吐出收获的长丝。她们养有一种吃桑叶的小虫子，叫蚕，蚕宝宝。蚕就像她们的孩子，吃桑叶，吐长丝……

啊，丝是蚕吐的？那布又是怎么来的呢？

蚕吐了丝，姐妹们给丝染上颜色，红的，黄的，绿的，紫的，各种各样的颜色，然后放在织机上一丝一丝地织出布匹……

我知道了，然后把布匹裁成衣服。

对。我的衣服就是这样来的。

那个美丽的地方你能带我去看看吗？

唉！嫘祖叹了一口气，接着往下讲：

转眼过了几个月，我和妹妹都很想家，想门前的小路，想家中的小树，想村头的池塘。真的，连池塘里那些开着紫色小花的浮萍都想！姑娘说着掉泪了。当然更想我爹，还想娘，就是我们的后娘。反正什么都想！那些姐妹们看我们饭也吃不下，觉也睡不好，就同意让我们回来。

我扛了一袋子桑树子，妹妹背了一大包蚕子。我和妹妹商量着，以后还要回来看她们。她们待我们太好了，我们啥时候也不能忘掉这些姐妹！为了记住走过的路，我们一边走一边把桑树的种子撒在路旁。

待我们回到家中，才知道父亲已经去世，后娘也死了，村里的人一个也不认识。最后我们才明白，我们在外边的几个月，村子里已经过去了几十年！

啊！我知道了，你们一定是去了神仙居住的地方，那些穿着白纱长裙的姑娘一定都是天上的仙女！轩辕不知道什么时候已经抓住了嫘祖的手,他使劲儿地摇晃着。

是啊,是啊!

你们后来回去看她们了吗?

既然门前的路没有了,家中的树没有了,村头的池塘没有了,连爹和娘都没有了,我们还待在村里干什么?第二天一早,我们就背起东西原路返回。可是当我们走到山下,才发现什么都不是原来的样子了,我们再也找不到回去的路!

唉!轩辕深深地叹了一口气。那你们……

我和妹妹在山上坐了半天,既然回不去了,那我们就按照神仙姐姐教的样子在山上养蚕吧!于是我们就种出了桑树,养肥了蚕宝宝,织出了我们身上的衣裳。村里的人看见,也都要跟着我们学呢[1]!

轩辕黄帝太感动了!他抓着嫘祖的手,久久不愿松开。后来,黄帝就经常跑到这里和嫘祖相会,他们忘记了时间,忘记了饥渴,越谈越投缘,越谈越亲密,就以身相许,定了终身。他们经常坐的那两块青灰色巨石,后人称它们叫鸳鸯石,在具茨山的风后顶上现在还有,它吸引着很多炎黄子孙前去观瞻[2]。

黄帝把嫘祖娶到国中,又把嫘祖的妹妹嫫母也迎娶过来做了次妃,姐妹俩种桑养蚕,抽丝纺线,染色织锦,缝做衣裳,把天国的一整套技术全都传授给了有熊国的闺女、媳妇。从此,人们再也不受兽皮量少的限制,都穿上了漂亮合体的丝绸衣服。后世称嫘祖为蚕娘,嫫母为纺娘,就是从这时候开始的。

---

[1] 见神话《蚕娘与纺娘》。搜集整理:王国臻。流传于荥阳一带。
[2] 见神话《鸳鸯石》。搜集整理:时海霞。流传于新郑一带。

黄帝初战蚩尤

蚩尤是九黎族的首领,铜头铁臂,长俩牛角,能吃石子和铁砂。他有八十一个兄弟,个个本领高强,勇猛善战。周边的部落被他们欺负得不行,纷纷跑到黄帝这里诉苦。蚩尤知道中原富庶,早就想打黄帝,这下可找到了理由,带着他的队伍就来攻打中原。

黄帝像。出自明人绘《历代帝王名臣画册》

黄帝早有准备,点了精兵强将,亲自出马迎战。

蚩尤兄弟人人头长两只长角,恶狠狠,见人就牴。黄帝的将士哪见过这种打法,很快就败下阵来。蚩尤的士兵鼓噪前进,黄帝的队伍节节败退。蚩尤正得意,力牧忽然放出兽兵,熊、罴、虎、貔、貅、貙,张牙舞爪,奔腾跳跃,见人就咬,按倒就啃。蚩尤的军队从没和兽兵交过手,一时大乱。嘟——嘟嘟——嘟——嘟嘟——牛角号凄厉地响着,蚩尤的队伍几乎溃不成军。

蚩尤一看,连忙作法,一时大雾弥漫,成团成块,成墙成垒,向野兽们压来。力牧怕兽兵吃亏,急忙鸣号,将它们唤回。

蚩尤不依不饶,继续作法。蚩尤的士兵掉转身子,向着黄帝的大营冲来。黄帝的将士虽然勇敢,无奈雾大看不见人脸,只得乱砍乱杀,误伤了很多士兵。有的将士在大雾中迷失方向,几天后才得以跑回。

蚩尤战胜,日日兴法作雾,前来挑衅。

黄帝闭门不出,苦思苦想,终于想起来山上的磁石,对!何不用一用这种石头。他把自己的想法给众将一说,大家都说是好主意!又想了一天,黄帝找到了一个绝好的办法:造一辆大车,车上站一个木头人,用磁石做一只手臂给木头人安上,这只手臂就会永远指着南方。一队将士一辆车,车大人高手臂长,谁都可以看见,不是就迷不了方向了?方向不迷,蚩尤的妖雾就起不了太大的作用!

车子很快造好!

因为是黄帝所造,木头人的手臂又永远指向南方,所以就给它起名"轩辕方"①,也有人唤它指南车。

---

①见神话《轩辕方》。讲述人:高梧林,70岁,七里阁村人,当过私塾先生。搜集整理:李新明。流传于新郑一带。

二十辆"轩辕方"。

二十队将士各分一辆。

蚩尤的妖雾再也起不了决定性的作用!

山东嘉祥县武梁祠的汉代画像石刻轩辕黄帝像

可是黄帝仍不满意。因为每次打仗就得由二十个士兵推着"轩辕方",有时候蚩尤不作法,这辆车就得白白占用二十个人。黄帝想从根本上解决问题。他知道蚩尤的雾一定在某一个地方藏着,只要能把他藏的雾放掉,蚩尤的法术就不会再弄。天上的奢龙帮了黄帝的忙,他告诉黄帝蚩尤藏雾的地方,还亲自驮着黄帝,打开蚩尤的雾洞把妖雾放了个干干净净[1]。

---

[1]见神话《指南车破雾》。搜集整理:刘文学。流传于新郑一带。

黄帝再战蚩尤

蚩尤的雾洞被毁,再也作不成妖法,心中颇为郁闷。大将夸父建议去请风伯、雨师助战。蚩尤立即同意。风伯掌风,雨师管雨,如果他们肯来帮忙,何愁黄帝不败?就派夸父到东海去请。夸父善走,很快就把二位大仙请来。

蚩尤又来挑战,黄帝派常先、大鸿出阵。双方摆开阵势,将对将,兵对兵,战斗正酣,忽然天色大变,黑云压顶,狂风大作,黄沙铺天盖地袭来,石头兜头盖脑乱砸。奇怪的是,那风、那沙、那石,只往黄帝的士兵头上打,蚩尤士兵的身上却一点儿也不落。战士们睁不开眼,张不开嘴,被打死打伤了许多。蚩尤乐得直跳,他看黄帝的士兵败走,大喊,再赏他们点儿水喝!雨师得令,立即调动滔滔东海水,对着黄帝的士兵又是一阵好浇。黄帝军大败,被蚩尤的士兵一阵子好杀,真是损失惨重。

回到营中,黄帝急忙派人回有熊国召大将应龙。这应龙原在天上管水,张口能吸千万条河流。应龙来到阵中,脚还没站稳,蚩尤的军队就到了门前。

双方对阵再战,风伯鼓风,雨师下雨,应龙跳到云端,张开大口,把那狂风、暴雨,呼呼呼呼,一个劲儿都吸到了腹中。黄帝军威大振,鼓角齐鸣,向蚩尤的军队大举进攻。蚩尤的兵士一看法术失灵,先就怯了,再看黄帝兵个个像疯了似的直杀过来,一时乱了阵脚,纷纷后退。

使劲儿!再使劲儿!蚩尤高喊着为风伯、雨师加油。

风伯、雨师使出浑身解数,倾宇宙之烈风,倒天下之酷雨,呼啸着,激射着,对着应龙猛喷。

应龙的肚子越来越大,吸水的速度也越来越慢。忽然,他一个跟头跌落地上,沿着一条小河向南方逃去,再也回不到天上了。现在的南方为什么雨水多、湖泊多?据说就是因为应龙藏到那里的缘故。

木刻版画黄帝像。出自明代万历年间刊刻的小说《列国前编十二朝》

应龙战败,蚩尤军士气大振,鼓噪着再次攻来。黄帝站在高处,正要挥旗撤兵,忽然空中传来一个女孩子的声音:爹爹,不要收兵[①]!

黄帝听这声音好耳熟,猛抬头一看,一个女孩儿正从天上飞来,鸡头,凤脚,长发飘飘,裙裾翩翩,一双彩翅扑扇着,像两方垂天的云霓。这不是调皮的四女儿女魃吗?她不在天上做事,跑到下界凑什么热闹?

女魃好像看透了爹爹的心思,大声说:爹爹别急,待小女助你!说过,拔下一根羽毛,摇一摇,变成一条粗粗的火棍,对着风伯、雨师挥去。

风伯、雨师见了,再次鼓风作雨。哪承想这火棍热得出奇,

黄帝故里殿内黄帝塑像

①见神话《女魃战雨师》。搜集整理:刘文学。流传于新郑一带。

哗哗的冷雨立即变成滚滚的热浪,对着蚩尤的兵士浇下去。很快,热浪又变成腾腾的蒸汽,把风伯、雨师热得喘不过气来。两人收了法术,急急逃走。

黄帝的军队再次胜利,高奏得胜曲凯旋。女魃在天上烧火,热力无穷。她到了哪儿,哪儿就云散雨收。所以,风伯、雨师都害怕她。这女魃助爹杀敌,用劲儿过度,再也无力回到天上,就到了北方觅地居住。北方所以少雨,据说就因为女魃的缘故①。

---

① 《山海经·大荒北经》云:蚩尤作兵伐黄帝,黄帝乃令应龙攻之冀州之野。应龙蓄水,蚩尤请风伯、雨师,纵大风雨。黄帝乃下天女曰魃。雨止,遂杀蚩尤。魃不得复上,所居不雨。
——《二十二子》第1385页。上海:上海古籍出版社1986年3月版。

黄帝诛杀蚩尤

蚩尤听从夸父的建议,一方面加强正面进攻,一方面派出精兵到黄帝的后方扰乱,让黄帝腹背受敌,前后不得安宁。正面,他请来了魑魅魍魉和大力神。后方,他派出了大将震蒙氏和他的三千精兵。

黄帝这些天也在盘算着怎么样彻底消灭蚩尤,他和大臣风后、大将力牧、大鸿、常先等天天商议,决定让风后带兵到摩旗山上演练八卦阵,力牧去东海捉夔牛以皮做鼓,大鸿等将在前线抗击蚩尤。

蚩尤的援兵到了!魑魅魍魉是两种成精的昆虫,魑魅是屎壳郎,魍魉是蜘蛛。它们修炼多年,各有毒招。

蚩尤挑战,大鸿出迎,未战几回,蚩尤兵便大败而逃。大鸿不知是计,追到一条山谷之中,魑魅在左,魍魉居右,齐对着黄帝兵放臭屁,施毒气。黄帝兵被熏倒无数,剩下的夺路而逃。就在这时,蜘蛛精鼓起肚子,奏响一阕哀乐。那声音凄凄惨惨,悲悲切切,丝丝缕缕,直往士兵的脑子里灌。黄帝的将士无心作战,一个个俯首就擒,几乎全军覆没,只逃得大鸿等将。

这怪招,黄帝从没有见过,正不知如何应对,仙人大隗前来支招,如此这般,把魑魅魍魉的身世,还有制胜法宝说了个明白。第二天,双方再战,蚩尤军交手便败,又往山里逃去。

大鸿、常先率兵穷追不舍,魑魅魍魉故伎重演,再施魔法。这下子他们可遭了殃!常先率一队士兵,举起羚羊角长号,对着天空齐奏:

呜——呜呜呜——

呜——呜呜呜——

…… ……

群号长鸣,声撼山林,如天鼓轰响,如腾龙高吟,魑魅魍魉听见,像重锤击顶,肝胆俱裂,倒在地上不能动弹。大鸿上前,一刀一个,杀了个痛快。蚩尤军兵败如山倒,被黄帝军追出几十里远①。

蚩尤的第二个援兵大力神早就到了,他对魑魅魍魉的鬼蜮伎俩很不以为然,所以对他们的战败被杀也就看作必然。大力神力大无穷,神通非凡,他不怕水淹,不怕火烧,什么兵器不带,一见对手,上前抓住就摔。黄帝军第一次和他交手,被他一连摔死了许多战士,连大将常先都差一点儿被他摔死。黄帝看一时难以取胜,就派军师风后去长白山请蚂蚁神,派大鸿去百花山请蜜蜂神。

两路神仙很快来到。

大力神又来挑战。常先带伤出阵,把大力神引到山上。等候多时的蚂蚁神一挥手,众蚂蚁一拥而上,把大力神围在中间,咬的咬,啃的啃,前仆后继,不屈不挠。大力神虽然力大,可是对着一群蚂蚁,半点儿办法没有,又是拍,又是打,又是跺脚又是挠头,但毫无作用。蜜蜂神也不示弱,号角一响,蜜蜂们蜂拥而起,嗡嗡嗡地唱着,对大力神发起了无情攻击。你一

---

①见神话《魑魅魍魉》。搜集整理:刘文学。流传于新郑一带。

锥子我一针，大力神一会儿倒在地上，只剩下喘气功夫。蚂蚁们可高兴了，齐抢上去吃了个痛快。蚂蚁们哪吃过这等好肉，有的家伙还悄悄地拖着找地方藏呢！来时不可一世的大力神此时只剩下一具白骨！蚁、蜂战胜大力神的这座大山今天还有，它就在确山县境内。那座山现在就叫蚂蚁山，山西南有很大一个村子，它的名字也和这场战斗有关，就叫蚁蜂店[①]。

蚩尤在前方没占到便宜，他在后方的骚扰可给黄帝造成了很大威胁。

震蒙氏领了三千精兵偷偷窜到黄帝的大本营具茨山一带，伺机行动。那天黄帝和风后正在商量演练八卦阵的事，忽听见山下喊声大作，倾耳一听，是将士厮杀的声音。两人走出宫中，只见一个卫兵飞奔过来。

怎么回事？黄帝问。

蚩尤的军队偷袭具茨山，将军让我通知您快快躲藏！

岂有此理！待我下去看看！黄帝说着，就和风后一起冲往山下。

力牧、常先等大将都在前线，保卫皇宫的只有刚刚调回的大鸿一人。喊杀声越来越近，大鸿抵不住震蒙氏的进攻，边打边往后退。黄帝和风后也都是武功不凡之辈，一见此景，上前便杀。双方战在一起，一时难决胜负。天色渐渐暗下来，震蒙氏早有准备，士兵们一齐燃起火把，喊叫着往上冲。黄帝的军队没有火把照耀，处处被动，招架不住，齐往山上退。

情况万分紧急！

[①] 见神话《蚂蚁山和蚁蜂店》。讲述人：张天义，男，汉族，73岁，农民，上过私塾，蚁蜂乡彭楼村第四村民组。采录人：彭永先，男，汉族，32岁，高中文化，蚁蜂乡文化专干。时间：1988年4月3日采录于彭楼村。流传于确山一带。

黄帝故里殿内壁画:《炎黄结盟》

黄帝故里殿内壁画:《征战蚩尤》

就在此时，火把突然不再前进，还有一些竟然往山下猛退。黄帝知道，一定是援兵到了！他大声喊：我们的援军到了，兄弟们杀下山去！

杀下山去！

杀下山去——

战士们呐喊着齐往下冲。

震蒙氏大败，带着士兵逃跑了。

黄帝杀到山下一看，哪是援兵啊，原来是几千只大绵羊！

黄帝一时惊呆！打了这么多年仗，哪有绵羊参战的呀！

这时有两只体态硕大的公羊走上前来，说他们是摩旗山上的护山大仙，看仁君黄帝遇到麻烦，便带着羊子羊孙前来帮忙。黄帝连忙施礼致谢，真诚邀请他们上山做客。两位大仙哪敢答应，说是偷着出来的，怕回去晚了遭罚。说着，招呼着羊子羊孙就要离去。就在此时，山下的公鸡一声高唱："哏——"两位大仙再也回不去了，只得现了原形，变成两只巨大的石羊。今天，新密市云岩宫附近的石羊庄，村头的那一对高大的石羊，据说就是这两位大仙的法身[①]！

震蒙氏并不甘心失败，他把士兵扮作黄帝军队的模样，一连偷袭了好几次。黄帝的后方受到严重骚扰，人心惶惶，不辨真假。军师风后想了个主意，说让自己的军队和百姓都做一个标记，这样震蒙氏不是就钻不了空子了？是啊是啊！黄帝很赞成。可是，用什么做标记呢？黄帝一扭脸看见了旁边的皂角树。皂角树的叶子肥厚硕大，即使晒干了也不变形，何不用皂角的叶子呢？对对。两个人都很高兴。于是就传令将士、百姓，每

[①] 见神话《绵羊救驾》。搜集整理：高力升。流传于新密一带。

人头上插一片皂角树叶,没插皂角树叶的就是蚩尤军。这以后,震蒙氏的军队再也骗不了黄帝的军民。只要一出现,立即就被逮个正着。

震蒙氏傻了,不知道是什么原因。后来他终于打听到头插皂角树叶这个暗号。可是他的住地是槐树岭,根本没有皂角树,他灵机一动,不就是头上插片树叶障人眼目吗?我何不来他个鱼目混珠!于是他就让他的士兵头上插了槐树叶子。可他没有想到,槐树叶一见阳光就干、就掉,还是现了原形,被黄帝的士兵逮住了。震蒙氏损失了无数将士,又不能捞到半点儿好处,在黄帝军民的打击下,只得在一个黄昏,从槐树岭悄悄撤兵。知道震蒙氏逃走,老百姓高兴万分,就把槐树岭改成了"撤兵岭"①。

力牧战胜夔牛,从东海取来了巨大的牛皮,能工巧匠连天加夜赶制了九面夔皮战鼓。敲一声,震天动地;敲两声,倒海翻江……

风后在摩旗山领兵带将演练八卦阵,乾、坤、兑、离、震、巽、坎、艮八方,红、黄、蓝、白、黑、紫六旗,龙阵、虎阵、风阵、云阵……将将兵兵,死局活局,人人心中有阵,个个身上有法。同仇敌忾,只等号令②。

九天玄女也赶来了。这九天玄女,原是一个猎人的孩子,小时候被豹子叼走,是黄帝箭射恶豹救下了她。现在跟着异人练就一手飞刀绝技,百步之内,手起刀飞,没有能逃得掉的。

风云际会,八方咸集,专等黄帝下令①。

---

①见神话《撤兵岭》。讲述人:李富裕。搜集整理:高力升。流传于新密一带。
②见神话《摩旗山》。搜集整理:高力升。流传于新密一带。

蚩尤连着打败,也很着急,就请异人教出一队飞兵,拿着兵器飞在天上,来去如同闪电。

历史上著名的涿鹿大战终于来临。

蚩尤一开始就放出了他的奇兵,万千飞人在空中飘忽,枪尖剑刃闪若繁星,一不小心,黄帝的士兵就会有人头落地。

黄帝看他们全都飞上天去了,这才命令力牧击鼓。

咚咚咚,咚咚咚……

咚咚咚,咚咚咚……

夔皮战鼓声震环宇,响彻九霄,如支支利箭射向蚩尤的部队,士兵们还没有来得及施展怪技,就一个个像断线的风筝飘落下来。

不好!蚩尤心中大惊,急命士兵向前:砸碎战鼓,捉拿黄帝!

蚩尤的军队勇猛上前,风一般扑入风后的八卦阵中。八卦阵诡谲奇异,变幻莫测,烟云般翻卷奔腾,左冲,冲不破;右突,突不出;前进,进不了;后退,退不成。就像鱼入网中,怎么挣扎都无济于事,这才知道上了大当,蚩尤大恼,带着几十个兄弟一齐杀来。

继续擂鼓!

力牧得令,不停地擂响战鼓。

蚩尤和众弟兄攻入八卦阵容易得很,可要出去就难了。一入阵中,他就知道犯了错误。不过,蚩尤有的是武艺和勇气,他砍杀着,喊叫着,左冲右突,可八卦阵像一个弹性极佳的皮袋子,大大小小,伸伸缩缩,忽焉如山压顶,忽焉如潮怒号,忽焉岚清气爽,忽焉云蒸霞蔚。龙阵,虎阵,风阵,云阵……

---

① 见神话《玄女庙》。口述人:赵林阁,清末秀才,已故。搜集整理:赵国鼎。

红旗,黄旗,蓝旗,白旗……眼看着众兄弟一个个倒下,蚩尤死拼硬撞,侥幸从"巽"门得逃出去。八卦阵中,七门皆为死口,只有此门为活路。后代人盖房圈院,总要留一个"巽"字门,此俗也就是从这里来的。无非是取一个出入平安的吉利[1]。

蚩尤逃到寨前,想着总算活着回来了,不想九天玄女正在寨前等他,喊一声蚩尤哪里逃!蚩尤一惊,猛然抬头,玄女的飞刀正好赶到,可怜蚩尤一世英雄,却被两把飞刀刺中双目。大鸿、常光、武定、具茨等将一拥而上,把蚩尤抓了个正着。今天新郑境内自然山下的玄女庙,祭的就是这个智勇双全的女英雄。

黄帝擒杀了蚩尤,命人把蚩尤的形象画上旗帜,名唤蚩尤旗,以此辟邪驱祟。押解蚩尤的木枷落地生芽,后来长成了枫林,一到秋天,漫山红透,象征着蚩尤滚滚的热血和他不死的英灵[2]。

蚩尤被杀后,天下大定。为了表彰诸位大臣、大将的赫赫功劳,黄帝于是就以人名作地名,把宇内著名的山峰、地物重新予以命名,于是在今天的新郑市、新密市一带就有了这样不凡的地名:风后岭,具茨山,大鸿寨,大隗镇,武定河,力牧台……[3]

---

[1]见神话《黄帝巧摆八卦阵》。搜集整理:李怀全。
[2]宋张君房编《云笈七籤卷之一百·轩辕本纪》第2156页。北京:中华书局2003年12月版。
[3]见神话《黄帝战蚩尤》。讲述人:张造。搜集人:高力升。流传于新密一带。

黄帝斩刑天①

刑天是炎帝的大臣,主管农事,精通音乐。他受炎帝之命,曾作过两首著名的歌曲,一是《扶犁》,一是《丰年》。春天到来,万民耕作,《扶犁》的歌声风一样掠过田野,农人们干劲倍增,此应彼和。秋天收获,一派欢乐,《丰年》像金黄的谷香弥散于通衢小巷,应和着人们的劳动,陶醉了整个部落。不仅如此,刑天还是一名性情刚烈的英雄呢!炎黄之战,牺牲了很多将士,欢乐的景象一去不返,战败的屈辱感却挥之不去。现在轩辕又要称帝,刑天咽不下这口气,决心和黄帝一争高下。

这年秋天,黄帝正在有熊国的西泰山(今在新郑)举行开国大典,忽有人跑来报告,说一个叫刑天的人扯旗造反,一路斩关夺隘,杀奔西泰山来了。

刑天作为炎帝旧部,曾经被黄帝封到刑山。听说他今天造反,黄帝急命军师风后迎住,问他是何道理。

刑天左手拿着盾牌,右手挥着板斧,带人冲到泰山脚下,正遇着风后来迎。风后说,万国一统,普天同庆,刑天你这

---

① 晋郭璞传《山海经·海外西经》云:刑天与帝至此争神,帝断其首,葬之常羊之山。乃以乳为目,以脐为口,操干戚以舞。
——《二十二子》第1370页。上海:上海古籍出版社1986年1月版。

古画《刑天舞干戚》

是为何？

刑天怒目圆睁，头发上指，身上的汗毛根根如矢，他大声叫喊着：轩辕氏何能何德，不就是多杀了几个人吗？他要称帝，刑天不服！挥斧子上前就砍。

风后抵挡不住，连连向后败退。

刑天更加勇猛，一斧子一个，两斧子一双，一直往山上杀来。

黄帝看得真切，心想，再不制服这个莽汉，不知道会有多少人成为他的斧下冤鬼。他快步冲到山下，问刑天为什么造反。

刑天大叫，天下本该由我主炎帝来坐，却被你无理夺去！就是我主让了你，刑天也不服气！

黄帝还想劝他，刑天挥斧杀来。

黄帝只得拔出长剑。

两人从巳时战到午时，又从午时斗到未时，刑天渐渐不支，携斧子转身逃跑。黄帝仗剑穷追，一直追到刑山深处。刑山是刑天的封地，山青水绿，古木如盖，黄帝指着周围的山水说，刑天，只要你放下武器，真心归服，这块封地还是你的！

刑天大骂，受你之封，已污英名，我岂能一错再错！快闭住你的臭嘴！说着抡斧子再次砍来。

黄帝看刑天已无可救，一剑斩下了刑天的头颅。

那头颅在地上连打了几滚，猛地跃起四五尺高，双目瞪着黄帝，嘴里仍叫骂不止。刑天更是神奇，把板斧往腋下一夹，两只手满地上摸着找头。黄帝看得明白，对着山峰猛劈一剑。

齐齐的一道巨隙开裂，刑天那头咕噜噜滚了进去。山峰复合，刑天的头不见了去向。摸头不着，刑天大急，两个奶头忽放出灼灼亮光，肚脐眼儿也开始高声叫骂，抡圆了板斧再战黄帝。黄帝无奈又挥了一剑，刑天的身子断为两截[1]。

  黄帝虽然杀了刑天，但却佩服他的忠勇刚烈，命人葬他在常羊之山，因为常羊是刑天出生的故地。

---

[1] 见神话《黄帝斩刑天》。搜集整理：徐聪敏。流传于新郑一带。

黄帝修城

打败蚩尤,天下一统,黄帝定都有熊。他想重建一座新城,经过考察,丈量,他选中了自己的出生地轩辕之丘。你看,高高的一脉黄土岗可做城的主体,清清的一条双洎河可为城的血脉,丘高防灾,河流利民。南北十余里,东西二十多里。依岗就势,规模宏大,如果修好了,就是万世不败的基业。更重要的是,他发现,这里不仅地势好,而且还是天下的中心。他于是就在城的正中处,立上了一块高大的石碑,上写三字:

天心石!

群情激昂,万民欢呼,就等黄帝下令破土。

这天夜里,更深人静时候,轩辕丘忽然灯火通明。天上一齐飞下来九条龙,他们张牙舞爪,上下翻腾,悄没声地修起城来。那些山神,土地,魑魅魍魉,各路精怪一看,天上的龙王都下来了,谁还敢不帮忙,一个个操起家伙,化做人形,在轩辕丘上大干起来,挖土的挖土,抬筐的抬筐,垒墙的垒墙,打夯的打夯,蚂蚁行雨般一宿未停。好在老百姓都睡着了,谁也不知道暗夜中究竟发生了什么事情。到了第二天早上,旧城里的公鸡一叫唤,神仙鬼怪各自隐形。老百姓早晨起来推开屋门,哎呀,一座巍峨的新城高耸在眼前!大家相约了忙跑进城里去看,一切都是按黄帝的规划修建,那块高大的

新郑黄帝故里广场上的轩辕黄帝塑像

"天心石"正处在新城正中！只有城西南角缺了一块没有建，双洎河水正从那里哗哗淌过。太美了！太神了！百姓们奔走相告。千百年流传的"鬼打黄帝城"的俗话，指的就是这件事情。这座城的旧址今天还在，它就是闻名遐迩的郑韩故城。

---

①见神话《黄帝城》。口述人：薛文灿，55岁，干部。赵国鼎，53岁，干部。搜集整理：李新明。流传于新郑一带。

黄帝避暑宫①

黄帝年事渐高,一到夏天就热得受不住,大臣们都劝他找个地方避暑。找来找去,就找到了风后岭西北坡半山腰上的那个大石洞。这个洞宽敞高大,幽深安静,一股清泉从洞里流出,琤琤琮琮,汇成了洞外一个百丈深潭,因为曾有一条乌龙在潭中嬉戏,所以得名黑龙潭。

黄帝在洞中住了下来,一切都令人满意,就是蚊子、跳蚤、蝎子、老鼠太厉害,聒噪得黄帝休息不好。每天晚上娘娘都得用艾草熏,蚊子怕熏,其他害虫还是闹。黄帝喟然长叹,谁能把这些小东西清除掉就好了!这话恰被黑龙潭里的螃蟹听到,它很想为黄帝尽点力气,就趁黄帝外出巡视的时候,把洞中的跳蚤、老鼠和蝎子全都夹出了洞外。

黄帝回洞,一觉睡到大天亮,醒来就发现了问题:洞里好像少了些什么?娘娘笑着说,害虫没有了!啊,啊啊!黄帝高兴了,就问这是谁做的好事?有人禀告说,是黑龙潭里的螃蟹。黄帝大喜,喊来螃蟹,就要奖赏!这螃蟹也有意思,赏啥它都不要。论功行赏,这是古理了,总得有个表示吧!

---

①见神话《黄帝避暑宫》。讲述人:赵林阁,清末秀才,已故。搜集整理:赵国鼎。

螃蟹说，它想多要两条腿，好在以后能多为黄帝效力。黄帝一点头，这以后，黑龙潭的螃蟹就成了十只脚。一个螃蟹八只脚，普天下都一样，只有黑龙潭的螃蟹是个例外！

黄帝的好觉没睡几天，就又出了问题：一群蚊子飞进洞，不分白天黑夜，见人就扑上去叮咬。奇怪的是，以前的蚊子都怕熏，这次的蚊子不但不怕，似乎还特别喜欢艾草味，越熏越咬人。黄帝没法，只好搬到洞外。

这次的蚊子可不一般，它们是蚩尤战死的士兵的阴魂。

蚩尤战败被杀，命归阴曹地府，就召集他死去的旧部，专门跟黄帝作对。他看黄帝年高体衰，在洞中避暑，就让他的部下一个个变成蚊子，浩浩荡荡前去进攻。

黄帝正没办法，这天夜里忽然飞来了一群蝙蝠，就像秋天飘飞的树叶一样忽高忽下，忽前忽后，"吱吱"叫着追吃蚊子。"嗡嗡嘤嘤"的声音立即消失。黄帝又得以静心休养。

蚩尤知道了洞中的事情，心生一计，就叫这些阴魂也变成蝙蝠，伺机报复黄帝。

蚊子没有了，可黄帝被咬的次数反而增多了！望着满洞灰色的蝙蝠，黄帝感到很是困惑。那些保护黄帝的蝙蝠也傻眼了，眼看着黄帝被咬却找不出咬人的凶犯，因为大家全长得灰不溜秋一个样！

蚩尤的阴谋被玉皇大帝洞察了，就传令让洞中保护黄帝的灰蝙蝠全部变成白蝙蝠。颜色一变，立即敌我分明，白蝙蝠同仇敌忾，灰蝙蝠狼狈逃窜。蚩尤也想让他的蝙蝠变白，可是没有办法，只好灰溜溜败下阵来。

黄帝避暑的这个山洞，后人管它叫黄帝避暑宫。岁月滔

黄帝故里的轩辕黄帝碑

滔，黄帝早已经升天成仙，保护黄帝的白蝙蝠却不肯离去，从古代到今天，成就了洞中特有的一大景观[①]。

河南新郑黄帝故里牌坊

[①]见神话《黄帝与白蝙蝠》。搜集整理：徐惠甫。流传于新密一带。

黄帝试子[1]

黄帝一百岁那年决定选一个接班人。大臣们都劝他在自己的二十五个儿子中挑选，黄帝不同意。他说，管理天下需要有本事的人，谁有本事谁上，不能分内外远近。

大臣们听了齐点头。但怎么样挑选呢？这可是前无古人的事情啊！

黄帝胸有成竹，说让他们比武！

告示一出，天下震动。到了比武那天，人山人海，一下子来了很多人。

比赛整整进行了十天。文选，武选。参加竞选的人从千变成百，从百变成十，最后，只剩下了两个人。黄帝一看，全是自己的儿子，一个是大儿子玄嚣，一个是三儿子昌意。大臣们高兴了，想着，这成了黄帝家里的事，黄帝让谁上谁就上吧！

黄帝可不这么看。他说，这是给国家挑选人才，大公无私，让他们两人继续比。

文试。

---

[1] 张振犁、程健君编《中原神话专题资料》第237页《双洎河》。郑州：中国民间文艺家协会河南分会1987年版。讲述人：刘遇三，已故，男，81岁，私塾文化，新郑人。搜集整理：蔡柏顺。流传于新郑一带。

武试。

两个人又比赛了两天，仍然不分胜败。主持比武的大臣又把弟兄两个交给了黄帝。

看着两个英武的儿子，黄帝心里暗暗高兴。他不想用爹的方法，把天下一分为二给兄弟两个。他要选出一个来！他说，我这里有两个葫芦，只要打开盖子，就会有大水涌出。这水宽三丈，深八尺，能淌出二百里远。从嵩山北坡到城东的颍水是三百里路，你们谁能让二百里的水流出三百里的路程，谁就坐爹这个位子。

两人接过葫芦，很快就赶到了嵩山北坡。玄嚣站在坡这边，昌意站到坡那边，两个人暗下决心，一定要让这二百里的水流出三百里的距离。

玄嚣的水流了二百里就干涸了。

昌意的水流了二百里也不见了。

两人都有点懊恼，连忙把水收回，换一个地方再试。可那水虽然汹涌澎湃，就是半里路不愿意多流，试了几次，都是一样。

那么多难题都做过了，难道要败在这股水上？两个人一声不响，回到住处，各闭了屋门，细细地琢磨起来。

三天的期限转眼就到。第三天一早，玄嚣拍响了昌意的屋门，看着弟弟高兴地说，昌意啊，我有一个主意，一准能行。昌意想，你既然有个一准能行的主意，为什么一早来找我？就说，大哥说说看。玄嚣说，你的葫芦能流二百里，我的葫芦也能流二百里，若让它们单流，谁的也流不出三百里的路程，要是把两个葫芦的水汇在一起，岂不就易如反掌了吗？

清代雍正年间刊刻的小说《廿一史通俗演义》中的版画《黄帝妃西陵氏教民蚕》

由太极、四灵、八卦、十二生肖和二十八星宿组成的乾坤图，是中国科技史上的重大发明

昌意双手一拍，连声说妙！

　　弟兄两人于是就把两个葫芦的水合成一处，浩浩荡荡，一下子冲进了颍水河中。

　　黄帝大悦，连忙召他们进宫，语重心长地对两个儿子说，治国如同这河里的流水，合在一处就力量大，流得远，一分开就受损失，走得近。团结合作，同心协力，你们兄弟明白了这个道理，不管谁做国君，我这个心都放得下了！

　　玄嚣和昌意明白了爹的心，都互相谦让着让对方接班。昌意说主意是大哥出的，应该大哥接。玄嚣说，昌意年轻有为，应该让昌意接。黄帝看看大儿子，再看看三儿子，笑着安排了后事：

　　玄嚣接班，昌意辅助。

这以后,弟兄俩团结协作,同心同德,把国家治理得井井有条。地方各诸侯国也都选贤任能,尊重人才。政通人和,国泰民安,天下大治。

传说,玄嚣葫芦里流出的那股水就是今天的溱水,昌意葫芦里流的是洧水。两水汇流后的那条河就是今天的双洎河。

黄帝修道

晚年的黄帝迷上了修仙访道，总想修一个成神不死。早年时候，他曾在崆峒山的后山上种过地，知道那地方风景优美，气候宜人，就和娘娘商量去那儿修仙。娘娘也想成神，可就是没听说过女人能修，所以就答应跟着丈夫走，希望黄帝成神时也能跟着升天享福。

修仙不能同房，不能见人。黄帝就和娘娘分开住了。可是修仙得吃饭，怎么办呢？娘娘想了个办法，在黄帝修仙的道观下拴一个大铜铃，再拿一根长长的绳子，一头拴住铃，一头拴在娘娘住的地方。啥时候娘娘做好饭了，就扯绳子。这头一扯，那头就响，然后，娘娘就躲起来，黄帝吃完饭走了，娘娘再回来。既吃了饭又不会见到任何人，真是两全其美的好主意！黄帝欣然同意。

就这样，日子一天一天地过去，娘娘总是做好饭就拉铃，黄帝总是吃了饭就走人，几个月来谁也没有见过谁。

一天早晨，娘娘正做饭呢，一只大鸟落在了绳子上，绳子一晃，铃铛响了一声。黄帝闭目修炼正到好处，听到铃响，睁开了眼睛。铃铛不响了，他又连忙闭上眼。谁知道这时候又飞过来几只大鸟，你叨我啄地嬉闹起来，一时铃声大作。

黄帝修炼不下去了，虽然他看着天色尚早，还是按照约

轩辕丘。黄帝出生之地

高香长燃

定的信号赶了过来。

娘娘正在厨房里,上一把下一把地烧火搅汤,忽然听见外边的脚步声,她一扭脸,禁不住哎哟一声:你咋回来了?

黄帝也很奇怪,不是你叫我回来吃饭吗?

我啥时候叫你回来吃饭了?

娘娘嫌黄帝没志气,心想,反正是修不成仙了,这几个月算是白吃苦白受罪了!越想越气,端起那一锅半生不熟的面疙瘩汤往门外一泼,扭脸走了。

面疙瘩汤里的面疙瘩滚到门外,立即变成了一地圆滚滚、滑溜溜的鹅卵石。因为是娘娘泼的,人们就叫这鹅卵石为"娘娘蛋儿",叫这地方为"娘娘蛋儿坡"[①]。

[①] 见神话《娘娘蛋儿坡》。讲述人:李新才,56岁,农民,高小文化。搜集人:宋国栋。流传于禹州一带。

荆山黄帝岭[1]

黄帝一百一十岁那年巡游来到荆山，他发现这里的人不但缺吃少穿，还经常生疮害病，很多人寿限不长，年轻轻的就死了。黄帝很伤心，想先给人治病。治病需要药。可药到哪儿弄呢？

黄帝想起了仙丹。他早年在昆仑山上炼过仙丹。何不再炼一些让百姓服用呢！

炼丹得有鼎。铸鼎得用铜。黄帝决定先在荆山上找铜。

荆山上的铜神一听说黄帝要铜，背着黄铜就跑来了。

黄帝生起大火，用七七四十九天铸成了铜鼎。再用三百六十五天炼出了仙丹。黄帝这年恰好是一百一十一岁。

老百姓吃了仙丹，立即身轻体健，百病皆无。万民欢庆，家家过年，齐称颂黄帝为老百姓做了一件大好事！

黄帝炼丹治病的事被天上的玉皇大帝知道了，就派黄龙下凡来接黄帝去天上享福，不想让他这么大年纪了还操心受累。老百姓知道了，说啥也不愿意让黄帝走，齐刷刷跪了一地向黄龙求情。

黄龙走不了，苦口婆心给百姓解释。但不管怎么说，老

---

[1] 张振犁、程健君编《中原神话专题资料》第 260 页《黄帝岭》。郑州：中国民间文艺家协会河南分会 1987 年版。搜集人：贾同然、程建军。整理人：程建军。流传于灵宝一带。

荆山黄帝陵（张新政 摄）

百姓哭天喊地，死活不能同意。眼看着时辰已到，旨意在身，黄龙有点儿急，跃跃欲试想飞走。老百姓一见，急慌慌齐扑上去，你抓住龙须，我揪住龙尾，还有的大臣上前抓住黄帝的衣服。黄帝骑上龙背，一声雷震，腾空而起。有的人拽下来几绺龙须，有的人扒掉了几块龙鳞，一大臣死拉住黄帝的脚要跟着上天享福，其他人一看，连忙又拽住那大臣的腿。这样，张三拉住李四，李四拉住王五，王五又拉住赵六，一下子连了好长。黄帝的靴子忽然被拉掉，众大臣呼地全摔了下来。

　　掉下来的龙鳞后来变成了荆山上的黄金。揪下来的龙须落在附近的湖中，长成了偌大一片荷池。这龙须藕很奇特，别处的藕只有八个孔，它却长出了九个。龙须藕味道鲜美，特别爽口。"九孔闿莲"，只要一提起这个名字，人们就知道它是灵宝的名产，荆山的美味①！

　　黄帝掉下来的靴子，就埋在他炼丹的山岭旁，叫葬靴冢。老百姓忘不掉黄帝的恩德，就把他炼丹的这座山岭改名为黄帝岭，还在岭上建了一座黄帝庙，月月烧香，年年祭奠。

---

①张振犁、程健君编《中原神话专题资料》第262页《阕莲九孔》。郑州：中国民间文艺家协会河南分会1987年版。讲述人：王生民，男，57岁，西阎乡乡志编辑室人员。采记人：河南大学"中原神话调查组"。录音：振犁、健君。时间：1984年12月5日。地点：灵宝西阎乡达紫营。流传于灵宝一带。

苍　颉

苍颉造字①

　　黄帝以前没有文字，记事只能用结绳子的办法。大事结个大结，小事结个小结，遇到特别重大的事情就结一个特别大的结。冬天的事涂上白颜色，夏天的事涂上绿颜色。还有的时候需要记些细节，就再往绳子上绑彩线，吊小棍，就是这样，事情也常常记错或者忘掉。苍颉是黄帝的大臣，征战蚩尤的时候，他就记错了一些数字，险些误了大事。苍颉很受刺激，决心想出好的记忆办法。一次，苍颉外出办事，正碰见两个打鱼人，一个掂着鱼网前头走，一个提几条鱼跟在

---

①《韩非子·五蠹》云：古者苍颉之作书也，自环者谓之私，背私谓之公。公私之相背也，乃苍颉固以知之矣。
　　——《二十二子》第1184页。上海：上海古籍出版社1986年3月版。
　　清马骕《绎史》引《论衡》云：仓颉四目，为黄帝史。
　　——《绎史》（一）第39页。济南：齐鲁书社2001年6月第1版。

后，提鱼的忽然失手，在沙地上砸出一条条清晰的印痕。苍颉大受启发，他照着地上的印痕连画了两遍。回到家中，他把鱼印又在地上画了画，问妻子，这是什么？妻子也是个聪明人，一看就笑了，说，这不是一条鱼吗？苍颉连忙蹲在地上，又画出一个羊头来，长长的羊角很有特征。妻子不假思索，张口就说是羊！苍颉高兴极了，大喊着：我找到造字的办法了！我找到造字的办法了！他于是根据事物的特点，很快就造出了牛（ ）、马（ ）、羊（ ）、虎（ ）等字。接着，他又造出了日（ ）、月（ ）、山（ ）、水（ ）……

妻子笑了，说，这不也是一种造字的方法吗？

是啊是啊！苍颉高兴得手舞足蹈。这就是后来所说的指

河南南乐县吴村仓颉殿的苍颉四目塑像

明代万历年间刊刻的小说《列国前编十二朝》中的版画：《丹龟负丹书与苍颉》

妻子看着丈夫造字，感觉也没啥太大的难处，就协助着他也造字。他造一个让她认，她也造一个让他认。很快，有形可看的东西都有了相应的字，那些无形可看的东西就犯难了。比方说"上""下"，这可该怎么造呢？苍颉想得头疼，也没有找到好办法。

这天苍颉外出回来，一进家，他老婆就截住他让他认字，她说刚刚又造了几个新字。她造的字很简单，下面一大横，上边一个"人"。苍颉看了一会儿，摇了头。妻子笑了，说，是个"上"字嘛！你看，人在地上站着呢[①]！

啊！有道理。苍颉连连点头。

妻子又在地上画了一个字：上边一大横，下边一个人。

苍颉一口就念了出来：

下！

[①] 见神话《苍颉四只眼》。搜集整理：王耀斌。流传于新郑一带。

晚清张志瀛画当时广东惠州府大西门外字祖庙于三月二十八日祭祀苍颉、沮诵之盛况

事造字法。

这以后,妻子又造了很多字,可不管哪一个再也难不住苍颉。苍颉造的字有时候妻子倒认不出来。妻子很调皮,她总想造一个复杂的字难难丈夫。这天她从南河里捉了一只螃蟹,拿一个盆子把螃蟹盖在一片细沙土上。螃蟹在盆下边横爬竖爬,爬出乱七八糟的许多爪印。苍颉回到家,妻子让他认这是个什么字。

苍颉左看右看,硬是看不出名堂,急得汗如泉涌,肌肉乱跳。

妻子看了,暗暗发笑。

苍颉无意间抬手擦汗,这一抹,没想到额头上又长出一双眼睛来。苍颉睁大四只眼睛仔细地看了一会儿,忽然笑了,说:这是螃蟹爬的[①]!

苍颉多长了两只眼,造字的速度神奇地快起来。很快,他造的字就可以用来记录各种事物了。

苍颉造字的事情传到了黄帝的耳朵里,他带着大臣亲自来到苍颉家,一看苍颉家里的墙壁上到处都是用火炭写的字,羊头牛头,这是取特征;虎身猪身,这是取全貌;上下左右,这是取指事……还有一行一行用新字记下的事情,既详细又清楚,比结绳的办法高明得太多了。黄帝说,咱刚刚打败了蚩尤,这"蚩尤"两字是咋造的?

苍颉挠了头:他不是不想造"蚩尤",而是一时还没有找到灵感。

黄帝看苍颉作难,笑了,说,蚩尤脸黑似炭,右颊上长个肉瘤,

[①]见神话《苍颉四只眼》。搜集整理:王耀斌。流传于新郑一带。

左腿短,没脚。右腿长,脚往上跷。样子难看,像条大虫子。我虽然杀了他,但还担心他捣乱,就把他压在了山下边。你就照这个样子造造试试。

苍颉一听,灵感大发,一会儿就造出了"蚩尤"二字。你看"蚩"字,不就是大山下压了一条大虫吗?再看"尤"字,正是脸上长瘤,左腿短,右腿长,一边没脚、一边跷脚的样子①。

黄帝知道苍颉造字的意义实在重大,就封他为史官,专事造字,还召集了群臣跟着苍颉学认字。苍颉的文字遂得以在各个部落流传开来。鬼神们知道了苍颉的发明,吓得夜夜痛哭。因为有了文字,天地间的秘密再没有办法保住了!

河南南乐县吴村仓颉殿内壁画

① 见神话《苍颉造字》。讲述人:王百贞。记录整理:王广先。流传于武陟一带。

节节草

为了让苍颉安心造字,黄帝让人专门修了造字台。苍颉在造字台一干就是多年,积劳成疾,落下大病,常感觉胸闷气短,心口疼痛,秋冬两季尤其厉害。黄帝忧心如焚,到处寻药访医,终是没有好的办法。这天,黄帝西巡,遇一个耄耋老人,虽年高体迈,却鹤发童颜,健步如飞,边走边高喉咙大嗓地唱歌:无叶草,真神奇,胸闷气短它能医。黄帝一听,连忙追上去问他哪儿有无叶草。老人说,无叶草咱这儿没有。只有黄河源头的一条深涧里长这种植物。可要想得到它并不是那么容易,因为有一条毒蛇专门看管,谁去了都别想再活着回来。

为了老苍颉的身体,黄帝决心亲自到黄河源去找无叶草。挎上千年藤弓,背上金镞长箭,镶玉宝刀斜佩腰间,黄帝跨上骏马踏上了西行的漫漫长路。山高水远,月朗星稀,风餐露宿,日夜兼程。三个月后,黄帝终于来到了黄河源头,找到了长在深涧里的那一大片无叶草。

黄帝忘了疲劳,忘了危险,伸手就要去拔。就在此时,守候在草丛中的毒蛇猛蹿出来,对着黄帝吐出长长的信子。

好大的一条毒蛇,腰像水筲一样粗,身有井绳一般长。

黄帝早有准备,他闪在一边,急忙掏出藤弓,搭上金镞

河南南乐县吴村正月二十四仓颉庙会。图为仓颉陵朝天门

仓颉陵内的万古一人殿

旺盛的香火

苍颉陵前

第二章 文明肇始

围着仓颉井转,据说可以祛病

长箭。

毒蛇露出毒牙,"扑扑"地吐着气,闪电般向黄帝一击。

"嗖"的一声,黄帝的金箭射了出去。

距离太近了!箭法太准了!

金箭一下子洞穿了毒蛇的左眼。

毒蛇负痛,在地上打一个滚,再一次高昂起扁平的三角头,又一次向黄帝攻击。

毕竟身经百战,毕竟神力无比,黄帝搭箭在手,"嗖"的又是一箭。

毒蛇的右眼又被洞穿!

虽然两眼双瞎,毒蛇仍不甘逃走,它冲上来,对着黄帝喷出毒液。黄帝闪身躲过,猛跃上毒蛇的身体,死死地卡住毒蛇的七寸。毒蛇拼命挣扎,黄帝殊死战斗。这样打斗了一个多时辰,毒蛇才慢慢地软下身子。

黄帝松了口气,他收拾起弓箭,连忙就去拔地上的无叶草。刚才的一场搏斗,把无叶草全打断了,一节一节散落在地上。黄帝好心疼,他弯下腰,细心地捡拾起来,把它们装进自己的行囊。从上午捡到下午,从下午捡到黄昏。一想到苍颉的病就要好了,黄帝就舍不得这些无叶草,他整整捡了一大背囊!

老苍颉病情大好,又恢复了往日的体魄,造字的热情再次高涨。黄帝怕苍颉再犯病了没药治,就把吃剩下的这些无叶草节,一节一节地对起来,栽种到清清的姬水河边。无叶草活了。无叶草长了。无叶草盖满了姬水河两岸。以后,无论谁得了老苍颉这种胸闷气喘的疾病,都不会再害怕无药医治了。因为这种草是一节一节生长的,后人们渐渐忘了它原来的名字,而唤它做"节节草"了[1]。

---

[1] 见神话《黄帝与节节草》。搜集整理:袁玉生。流传于新密一带。

阏伯

阏伯盗火[①]

阏伯是天帝的儿子，在天上负责管火。他心地善良，同情受苦的百姓。有一次他到民间视察，看到遍地洪水，天塌地陷，老百姓衣不遮体，食不果腹，一个个病得东倒西歪，心里很难受。他问，你们都病成这样了，咋还吃生东西，不弄点儿火烧烧呀？那时候的人偶尔也能弄到火，比方雷击了大树就留下火种，也知道烧熟的东西好吃，可火不好保管，一灭就没有办法了。阏伯听了老百姓的述说很感可怜，就决心在地上帮老百姓找火。找来找去，最终也没有找着。阏伯动了心思，就想把天上的火偷下来一些。他知道，火是禁物，

[①]《左传昭公元年》云：昔高辛氏有二子，伯曰阏伯，季曰实沈。居于旷林，不相能也。日寻干戈，以相征讨。后帝不臧，迁阏伯于商丘，主辰，商人是因，故辰为商星。迁实沈于大夏，主参，唐人是因。以服事夏商。
——《十三经注疏》第 2023 页，北京：中华书局 1980 年 9 月第 1 版。

中原经典神话

河南商丘正月初七阏伯台庙会。图为阏伯台

阏伯台中的阏伯塑像

阏伯台远眺，远处的挑角房是戏楼

民间传说阏伯台前香火堆里烧熟的鸡蛋能治百病

第二章 文明肇始

是天帝严禁泄露的东西。可是，为了老百姓，为了让老百姓少受些苦难，他也顾不得恁些了！

阏伯向老百姓要了一只老公鸡，骑上就上天了。天上的火都在太阳宫里放着呢，天兵天将严格把守，平时谁也近不得跟前，更别说拿走了。阏伯骑着公鸡走进太阳宫，抓起火种就往怀里揣。老公鸡一看这么多的火，也连忙去叼。太阳宫里的火都是一块一块的，阏伯揣得太急也揣得太多了，被天兵天将看见了。虽说他是管火的，但也不能往外拿，就拉住他不让走。阏伯急了，拼着命地往外挣。天兵天将就报告了天帝，天帝命人把阏伯捆了起来。阏伯一边挣扎，一边把怀里的火种一块一块地往下扔。落在地上的火块就成了火石，人们捡起来，两块一碰就起火星儿。

老公鸡没人领着，出不来了，嘴里又衔着大火石，就被烧死在太阳里。所以直到今天，还能看见太阳里站着的那只英雄的公鸡。以后这只老公鸡就成了天下所有公鸡的祖先，一到早晨，地上的公鸡都伸长脖子高喊：回来吧——老祖！连喊三遍，天上的太阳才冉冉升起，普照大地。因为公鸡到太阳宫里衔了火石，所以后代的公鸡们一个个头上都长着大红冠子，嘴下边还吊着几小块火花。据说这是衔火时被烙的光荣印记。公鸡因此具有了非凡的本领，能吃石子、沙子，能吃蝎子、蚰蜒等等毒虫。公鸡是阏伯的坐骑，有着超常的神力，所以民间操办红、白喜事都少不了它，娶媳妇要它领路辟邪，办丧事让它引幡招魂。就是腊月二十三打发老灶爷上天的祭灶节，灶神骑的"马子"也是公鸡！还因为阏伯兄弟俩不和，一见面老打架，被老天爷一封为东一封为西，所以，老公鸡也是见了面就伸了脖子斗，见不到时又相互想念，仰起脖子呼唤对方。

　　阏伯盗火被老天爷扣到天上回不来了，老百姓并不知道。从他走后，就在阏伯升天的地方修筑了高台准备迎接他。天天烧香，日日磕头，企盼着他能早点儿回来。这座高台现在还有，就在离商丘四里的西南处。民间称阏伯为"火神爷"，每到正月初七阏伯离开的这一天，就在这座高台下进香，磕头，放炮，隆重致祭。每年一届的正月初七阏伯台庙会，就是祭祀阏伯的。民间传说，阏伯很关心老百姓的疾苦，每到初一、十五，他都下凡私访，扯着闪，打着雷，走路放着光，专门惩罚那些坏良心的人[1]。

---

[1] 见神话《阏伯盗火》。讲述人：阎明德老汉。商丘阎家集人。采录人：高有鹏。时间：1990年5月于阏伯台下。流传在豫东商丘一带。

第三章 圣贤帝王

颛顼

圣德颛顼

颛顼是黄帝的孙子,昌意的儿子,出生在今河南杞县的

颛顼像。出自明弘治年间辑刻的《历代古人画赞》

---

① 《史记·五帝本纪》云:帝颛顼高阳者,黄帝之孙而昌意之子也。
——《二十五史》(1) 第 7 页。上海:上海古籍出版社、上海书店 1986 年 12 月版。
《淮南子·时则训》云:北方之极,自九泽穷夏晦之极,北至令正之谷,有冻寒积冰,雪雹霜霰,漂润群水之野,颛顼、玄冥之所司者万二千里。
——《二十二子》第 1230 页。上海:上海古籍出版社 1986 年 3 月版。

帝颛顼,高阳者黄帝之孙而昌意之子

山东嘉祥县武梁祠的汉画像石刻颛顼帝复原像

高阳镇。一落地就会说话,过三天就会奔跑,刚满月就能腾云驾雾,千里外的话他能听见,天底下的事他都知道。爷爷黄帝看小孙子有这么神奇的本领,十分疼爱他。当时掌管西天的是颛顼的叔叔少昊,他的封地里近日出现了一个妖怪,抢物吃人,糟蹋民女,闹得老百姓夜夜不得安生,少昊就派人请颛顼帮他除害。

颛顼到了西方,睁眼一看,就发现了妖怪的踪迹,倾耳一听,就明白了妖怪的伎俩。他化作一股青烟,将妖怪牢牢绑缚,运法力把妖怪化成了粉末。从此西方升平,多年无事,老百姓烧香磕头,称颂颛顼。

几年后,北方又出现了妖魔,闹得人妖颠倒,民不聊生。黄帝急命颛顼前去降妖捉怪,为民除凶。

作乱的是一只修行万年的得道老鳖,他手下有一群魑魅魍魉,什么屎壳郎精放屁虫怪,一个个都自以为很了不起。他们要先下手为强,准备发黄水淹颛顼,把地泡陷,把天泡塌。颛顼灵眼慧耳,早就明白了他们的阴谋。他将计就计,命自己的部下水神玄冥准备好一坑黄水,免得让这群妖魔做坏事时找不着地方。

老鳖带着他的虾兵蟹将一路杀来,为了行动隐蔽,他们化作青风,贴着地皮疾速向前。很快,他们发现了这池黄汤。太好了,刚想瞌睡呢,就碰上了枕头!快下水准备作法!老鳖得意洋洋。

精怪们钻进黄水,弄起妖法,一时浊浪排空,激流翻卷。他要用这塘水做母,生出满世界滔天洪水,把整个人类灭绝干净!水神玄冥也不是吃白饭的人,他运起神力,水长岸长,

河南内黄县颛顼、帝喾二帝陵大门

河南内黄县二帝陵二门

河南内黄县二帝陵内的人文始祖殿

河南内黄县二帝陵之颛顼帝陵

第三章　圣贤帝王

河南内黄二帝陵内的颛顼帝像

"颛顼帝"石刻

浪高堤高,老鳖施法三天,累得筋疲力尽,竟然没泄出一滴儿水去。

老鳖知道中了计,连忙跳出水塘,带人去攻颛顼的老家高阳。颛顼早有准备,在高阳镇外布下神兵,老鳖和他的虾兵蟹将刚刚来到,就被颛顼的降妖神囊装了个干干净净①。

黄帝看孙子才高德昭,就任命他做了北方天帝。颛顼坐镇高阳,建都帝丘。整理乾坤,尽除妖魔。当时天地相通,上神常跑到下界作乱,给百姓带来灾难,颛顼就命令他的两个大臣重和黎截断了天地的道路,人、神分治,各司其职。经过短短的三年时间,天下大治,万民称贺①。

---

① 见神话《古帝颛顼》。讲述人:李广平,35岁,男,汉族,农民。搜集整理:王怀聚,男,47岁,汉族,中专毕业。流传在豫东杞县一带。

帝喾

帝喾登天①

　　帝喾从小就聪明绝顶,遇事总有奇招。颛顼是他叔叔,平时很喜欢他,遇到啥难事总爱找他出主意。他只要一转眼珠,办法就来了。那时候部落很多,为争地盘常常大打出手。有一年,四夷来扰,九股势力联合起来要夺中原。颛顼带领部卒打了很久,不分输赢胜败,心里十分着急。

　　帝喾当时只有十五岁,他给叔叔献了一策。他说,四夷九部,防御的战线长,兵力分散,容易顾此失彼,不能硬打硬碰。颛顼说,我也不想硬打硬碰,可不硬打敌人能退走吗?帝喾说,九股势力都想吞并中原,他们之间必有矛盾,我们不

---

①《史记·五帝本纪》正义引《帝王纪》云:帝喾高辛,姬姓也……龁龀有德,年十五而佐颛顼,三十登位……帝喾有四妃,卜其子皆有天下。元妃有邰氏之女,曰姜嫄,生后稷。次妃有娀氏女,曰简狄,生契。次妃陈锋氏女,曰庆都,生放勋。次妃娵訾氏女,曰常仪,生帝挚也。
——《二十五史》(1) 第7页。上海:上海古籍出版社、上海书局1986年12月第1版。

中原经典神话

山东嘉祥县武梁祠的汉画像石刻帝喾

妨派人游说他们,再送点儿礼,他们自己就会打起来了,那时候不就好消灭了吗?

颛顼一听有理,就派人带着礼到九个部族里游说。没几天,他们便闹起了矛盾,开始是相互埋怨,接着便动起干戈。颛顼帝不费一枪一刀,九股势力便消灭了四股。剩下的五股一看大势不好,投降的投降,逃跑的逃跑,这场战争很快便化解了。颛顼帝看帝喾聪明可用,便把他封到辛地,也就是今天的商丘古城南四十五里高辛集一带。

帝喾来到辛地,夙兴夜寐,励精图治,可老百姓总不能过上安生日子。辛属黄河下游,洪水常常泛滥,一到雨水季节,老百姓就得搬到远处的高地上去住,等到雨水退尽,再扶老携幼回到家乡。帝喾想从根本上治理洪水,就组织起大家堵水围堰。可是人少水大,常常白天堵一天,到夜里洪水一冲,围堰全部垮掉。男女老少天天在水里泡着,不少人患病躺倒。这天夜里,帝喾咋也睡不着,就跑到天上找老天爷去辩理。他说,老天爷呀,您既然让天下生了人,为什么不管老百姓的死活,天天发大水淹你的臣民呢?老天爷辩不过他,就派了两个天神下凡,抬住辛地很往上长,一直长到了水淹不住的高度。从此,老百姓就把"辛"叫做"高辛",算是对这件事情的纪念!封到这里的帝喾自然也就成了高辛氏。

颛顼帝看侄子有德有才,爱民勤政,就学着爷爷黄帝的榜样,晚年时把皇位让给了帝喾,自己退居山林休养身心去了[①]。

[①]见神话《帝喾登天辩理》。讲述人:李振明、黄炳良。搜集整理:刘秀森。流传在豫东商丘一带。

河南内黄二帝陵内的帝喾像

帝喾陵石刻

河南内黄县二帝陵之帝喾陵

河南内黄县二帝陵内之碑林

尧 王

尧王选贤①

尧名叫放熏,是帝喾的孙子。他在位时正值大灾,天上十日并出,地上洪水滔天,老百姓死亡无数。俗话说水深火

古画帝尧像

---

① 汉司马迁《史记·五帝本纪》云:尧知子丹朱之不肖不足授天下,于是乃权授舜。授舜则天下得其利而丹朱病,授丹朱则天下病而丹朱得其利。尧曰:终不以天下之病而利一人。而卒授舜以天下。
—— 《二十五史》(1)第8页,上海:上海古籍出版社、上海书店1986年12月版。

明代万历年间刊刻的小说《列国前编十二朝》中的版画：《百姓欢歌尧治太平》

热，就是指的那个时候。尧王命羿上射十日，令鲧下治洪水，日夜操劳，瘦得像个干腊人。他知道治世的艰辛，到了晚年，就想找个合适的接班人。他老婆姚娘说，丹朱可以。丹朱是他们的儿子。知子莫若父。尧王能不知道丹朱啥样？为了堵老婆的嘴，他于是就把丹朱叫来了。说，爹年纪越来越大，你看这头发胡子都白了。我要是把这个国家交给你，你有啥办法治理它呢？丹朱一听这话，高兴得哈哈大笑，说，这有啥难治呢？谁听话我用谁，谁不听话我杀谁。一百里内只剩俩人，我看他们谁还敢给我捣蛋[①]！姚娘听得直摇头，老两口再也不提儿子接班的事了。

尧王先是听说嵩山脚下的许由贤德。当他千辛万苦找到

[①]见神话《尧王惩子》。讲述人、采录人：冯跃东，男，45岁，汉族，农民，初中毕业，范县辛庄乡丹徐庄人。时间：1990年2月。地点：范县龙庄乡。流传于范县一带。

许由的时候，许由却逃跑不见。尧王又听说历山脚下有一个贤人叫舜，他爹是个瞎子，他娘是个后娘，他的异母弟弟象是个二半吊子，几口子合计着害舜，可舜一次又一次躲过暗算，还是一门心思地孝顺爹娘。尧王决定亲自去访他。

尧王换上便服，只身一人来到历山。正碰见舜在犁地。他使着一黄一黑两头牛，每头牛的屁股后边都绑着一个条簸箕。脚下的地是一长溜儿，可他不顺着耕，而是一趟一趟地横着犁，累得满头大汗。

尧王感到很奇怪，就问他，人家犁地都是顺着地身犁，你为啥老是横着啊？人和牛不是都很累吗？

舜停住脚，笑了，说，老人家您不知道，我来时娘有交代，一定要我横着耕。我要是顺着犁不就违拗了娘的话吗[①]？

尧王一听，就知道是舜了。心里暗暗佩服，后娘不贤，做儿的只能这样了！看来舜还真的有肚量。可是尧王还有不理解的地方，又问，你在牛的屁股上绑个条簸箕干啥用？不会是怕牛屙到地上吧？

舜一听又笑了，说，种地还得上粪呢，我哪会怕牛屙？我是怕鞭子打住牛了。它们两个谁走得慢了，我就用鞭打谁屁股上的簸箕。我一打，它们知道了，就会用劲儿了。

尧王更佩服了。对牛尚且这样疼爱，对人那还用说吗？他看两头牛都很健壮，又问，这两头牛哪一头干活快些？

舜看看牛，回答，黄牛干活快，黑牛干活也不慢。

尧王皱起眉头。心想，快就是快，慢就是慢，怎么能这

[①]见神话《尧王访贤》。讲述人：杜加典。采录人：张楚北。时间：1982年2月采录于南阳市。流传于南阳一带。

帝尧放勋其仁如天其知如神就之如日望之如云

山东嘉祥县武梁祠的汉画像石刻帝尧复原像

宋代画家马麟笔下的帝尧像

样回答呢？是不是这人太虚伪了？尧王有点儿不悦，站起来就往外走。

舜跟着送到地头，小声对尧王说，老人家，我知道我的回答让您不快。我现在回答您，黄牛干活快一些，黑牛慢一些。

那你刚才咋不直说呢？

刚才两头牛在旁边，我咋好说谁快谁慢呢？我说黄牛快，黑牛听了会咋想？

啊！尧王重重地点了点头。这个人对牛尚且这样尊重，这样讲究方法，看来真是个人才！

尧王回到宫中，跟姚娘一商量，决定把两个女儿娥皇、女英一齐嫁给舜，试试他治家的本领。

舜娶了娥皇、女英姊妹俩，夫妻恩爱，举家和睦。尧王又把许多重要的国家事务交给舜去办，想再考验舜治国的能力。舜贤明有道，又有两个妻子暗地里帮着，办得样样得体，桩桩合理，深得上下拥戴，尧王就把国家交给了舜。

尧河源①

尧河发源于太行山下,源头是一泓叫做尧王池的泉水。

尧时多灾,有一年大旱,太行山一带河、塘干枯,树叶子都掉了。人们吃不上饭,喝不上水,有的人都渴昏了。尧王听说后,急忙带人往这里赶。

尧王来到山脚下的时候正是晌午,烈日当头,没有一丝儿风,随从们一个个口干舌燥,焦渴难耐,都想找点儿水喝。可是找来找去找不到,一时都很着急。尧王手搭凉棚往四下里一看,发现不远处有一丝儿岚气上升,就连忙走了过去。他弯腰抓起一把土在手里搦了搦,有土屑沾在手心。他站直身,拍打着手上的土说,有水了!

大家都不理解。到处是蒸腾的热气,满地是卷起的焦叶,哪里会有水呢?

尧王指着脚下说,水就在这里。他给大家解释,土屑沾在手上,说明这里的土湿。土湿就说明下边有水。

人们恍然大悟,立即找来工具,轮流挖井找水。太阳刚刚扭头,一股清泉咕嘟嘟从地下冒出,翻起无数晶亮的水花。

---

① 见神话《尧王池》。讲述人:李元怀,72岁,沁阳县捏掌村农民。搜集人:尚立飞、李燕。流传于沁阳一带。

明张居正编《帝鉴图说》版画：《任贤图治》

清代雍正年间刊刻的小说《廿一史通俗演义》中的版画:《尧舜揖让》

山下的老百姓听说尧王来了,又听说挖出了清泉,一个个欢天喜地跑过来,围着尧王蹦啊跳啊,直唱到月升中天还不罢休。

尧王看这里的水源足,水质好,就提出要大家修一条河,既能让更多的人喝到清水,又能灌溉两岸的农田。

遵照尧王的要求,人们把泉水开挖成一个蓄水池,池里的水溢出去,就成了一条清澈的河流。人们感念尧王的功德,把蓄水池取名为尧王池,溢成的河流取名为尧河。一脉尧河水从远古淌到今天,美丽了两岸荣荣枯枯的土地,也美丽了老百姓世世代代的心田。

泉边有一个小村,名叫捏掌。自然是为纪念尧王捏土在掌、发现水源的故事。还有一座古朴的庙宇,里边供奉着的,不用说是我们远古的先祖,那位圣明的尧王了[1]!

---

[1]《河内县志》云:尧池水出城西北三十里太行山麓,捏掌村泉畔有尧庙。庙前处处有水,掬手可饮。旧县志古迹图即以尧池水为小沁水。

舜　帝

大舜^①孝行

舜很小的时候娘就去世了，爹又给他娶了个后娘。开始

舜帝像。出自明弘治年间辑刻的《历代古人画赞》

---

①汉司马迁《史记·五帝本纪》云：舜父瞽叟盲而舜母死，瞽叟更娶妻而生象。象傲。而瞽叟爱后妻子，常欲杀舜。舜避逃。……为筑仓廪予牛羊，瞽叟尚复欲杀之。使舜上涂廪，瞽叟从下纵火焚廪，舜乃以两笠自扞而下去得不死。后瞽叟又使舜穿井，舜穿井为匿空旁出。舜既入深，瞽叟与象共下土实井，舜从匿空出去……舜复事瞽叟爱弟弥谨。
——《二十五史》（1）第9页。上海：上海古籍出版社、上海书店1986年12月版。

山东嘉祥县武梁祠的汉画像石刻舜帝像

的时候后娘待他还不错，后来生了弟弟象，舜的日子就不好过了，经常挨打受骂，吃剩饭，穿烂衣，做脏活累活。就这样还不行，娘想让象独霸家产，生法想害死舜。有一年春天，爹叫兄弟二人去种麻，后娘一看是机会，就说，你弟兄俩分开去种，谁的麻苗出齐了谁回来，出不齐的就不要回家了。事后，她悄悄地把舜的麻子儿炒成了熟的。

二人上路了。弟兄俩走着说着话，象边走边吃袋子里的麻子儿。象是个爱占小便宜的人，他在自己的袋子里抓一把，就在哥的袋子里抓两把。怎么哥的麻子儿就比自己的香呢？象动了邪念，非跟哥换不中！两人就换了袋子。结果，舜的麻苗出得又快又齐，象的麻苗却一棵也没有出来。舜啥话没说，拉起弟弟就回家了。把后娘气了个白瞪眼[①]。

后娘一计不成，又生一计。家里的井水不旺了，后娘叫舜下井里去淘。舜脱了衣服就下到井里。谁知道，他一下去，后娘就和象抬一个旧磨盘把井口封住了。井淘好了却出不来！任舜怎样喊，就是没人应。舜正急，忽然看见旁边有光亮，他循着光亮走过去，才发现他家的井和邻家的井通着呢！舜又安然无恙地回到了地面，把后娘差一点儿气死。

后娘还不死心，想出个更毒的：让舜修房顶。当时正是夏天，烈日高照，热得像下火。后娘怕舜不去，拿过来一把伞，假惺惺地对舜说，天热带把伞吧，别干恁快，悠着点儿！舜很感动，连声致谢。他带着泥铲、草捆儿爬上了房顶。后娘一看，立即把这边的梯子撤掉。象在那边看见，马上放火烧房。眼看着烈火越烧

[①] 张振犁、程健君编《中原神话专题资料》第293页《种麻子》。郑州：中国民间文艺家协会河南分会1987年版。讲述人：刘伯欣母亲。记录人：刘伯欣，男，25岁，河南大学中文系学生。时间：1981年。地点：偃师县。流传于偃师一带。

明张居正编《帝鉴图说》版画：《孝德升闻》

明代崇祯年间刊刻的小说《开辟衍绎通俗志传》上的版画：《狮子帮舜耕田》

越旺，舜在房顶上跑过来跑过去就是下不来。这可咋办呢？他忽然看见那把伞，有了！连忙撑开，往下一跳，"嗖"地下来了！一点儿皮肉也没有伤着。后娘又气又吓，当天就病了一场。

三番五次害不死舜，后娘总不放心。她终于又想出来一条毒计，叫舜独自去种远山里那六十亩坡地。种子给一半，口粮也给一半，种不好不让回来。她想着，就是饿不死舜，野兽也得把他给吃了！

虽然很困难，舜想着她是娘哩，得孝顺，还是赶着牲口去了远山。活又重，肚又饥，心里又不痛快，干着干着就病倒了。他躺在地上，热一阵，冷一阵，口干舌燥想喝水，忽忽悠悠地就看见了亲娘，舜哭了。舜的哭声惊动了山上的野兽、天上的飞鸟，它们都过来帮舜的忙，野猪给他拱地，山羊帮他除草，漫天的小鸟给他衔来粮粒儿。秋天到了，庄稼丰收，舜打了很多很多的粮食①。

尧王听说了舜的孝行，千里迢迢来访他，还把两个女儿嫁给他。后来他继承了尧的帝业，社会安定，人民幸福，历史上尧、舜并称，颂他为上古的圣君。

---

① 张振犁、程健君编《中原神话专题资料》第297页《大舜耕田》。郑州：中国民间文艺家协会河南分会1987年版。讲述人：王上清，50岁，农民。采录人：王孟晓，河南大学学生。时间：1986年8月。地点：宜阳县。流传于宜阳一带。

黄河鲤鱼[1]

尧王时天下大水,舜帝时仍然没有完全消退。有一天晚上,舜视察治水工地来到马鞍山附近,抬头一看,发现山脚下有两盏明灯。那时候都是自然光,很少有人造光。舜帝还以为是晚上加班的队伍呢!一问,说是没人加班。第二天晚上舜帝又去,那两盏明灯还在闪闪发亮。时间长了,舜帝就想看个究竟。走到跟前才知道,那是两条金光闪闪的鲤鱼,头对着头,像个大大的"八"字。鲤鱼见有人来,一甩尾巴钻进了山里。

鱼怎么能钻进石头里呢?舜帝想弄个明白,就带领工匠前来凿山。

工匠们凿了一天,到晚上山又长住,第二天还得从头再来。舜帝把人分成两班,日夜不停。工匠们在南边凿,鲤鱼从北边出来;工匠们从北边凿,鲤鱼又从南边出来。凿来凿去,就是逮不住。舜帝急了,拈弓搭箭,对着两条鲤鱼,嗖,嗖,嗖!连射三箭。箭头齐扎在清水河左岸的石壁上,直到今天还挺挺地立着。附近的村庄因此叫做"箭的河"。

---

[1] 张振犁、程健君编《中原神话专题资料》第 296 页《黄河鲤鱼》。郑州:中国民间文艺家协会河南分会 1987 年版。讲述人:郑福宝。记录整理:刘邦项。流传于陕县、渑池一带。

金鲤鱼受了惊,一齐向北急跑。它们在马鞍山脚下的石板上稍作停留,便分成两路,各自逃命了。它们留下的痕迹至今还在,人们管它叫"金鱼窝"。一条鲤鱼逃到黄河岸边,飞身一跃,钻进了滚滚波涛。它跳河的地方,现在叫"炝鱼"。另一条鲤鱼跑得更欢,它到了马鞍山左边向着北流的清水河里。清水河是黄河的支流,最后也入了黄河。它在进入黄河的时候打了一个挺,想看看自己的伙伴究竟在哪儿。清水河流入黄河的地方今天还有一个村庄,它的名字就叫"鱼立"。

两条鲤鱼跳入黄河,就成了今天黄河鲤鱼的祖先。它们击水弄浪,繁衍子孙,成就了一个庞大的家族。

濮阳瑕丘正月十八舜帝庙会。此为舜帝庙会景

瑕丘庙会上为舜帝唱戏

"坐会"是瑕丘庙会的特殊风俗。坐会,就是有组织的祭祀活动

中原经典神话

210

瑕丘舜帝庙内的舜帝塑像

水仙花[1]

舜帝接替尧王后,夙兴夜寐,操劳国事。经常到各地巡视,了解民间疾苦。晚年时他再次动身巡行天下,不幸病死在去南方的路上。娥皇、女英闻讯大恸,一路哭着追到苍梧。舜帝埋葬后,两个妻子痛不欲生,她们在竹林中哭着走着,泪水洒上竹子,斑斑点点,凝之不去,就成了今天的斑竹。二人来到湘江边,思一阵,哭一程,双双投江而死。

娥皇、女英死后,湘江边上忽然长出一种花来,花朵雪白,花香淡雅,花姿异常高贵。人们想起死去的娥皇、女英,都说是她们纯洁的灵魂所化。这就是人人喜爱的水仙花。

明代万历年间刊刻的小说《盘古至唐虞传》中的版画:二女哭舜挥泪粘竹

[1]见神话《水仙花》。搜集整理:张子凯。流传于社旗一带。

古画中的湘君湘夫人，亦即娥皇、女英

夏　禹

大禹治水①

尧时天下大水，遍地汪洋。太阳从早晨的水中升起，到了傍晚又落入水中。人们活不下去，纷纷逃到山尖上求生。

大禹像。出自明弘治年间辑刻的《历代古人画赞》

---

① 《史记·河渠书》云："《夏书》曰：禹抑鸿水，十三年过家不入门……"
——《二十五史》(1) 第177页，上海：上海古籍出版社、上海书店1986年12月第1版。

山东嘉祥县武梁祠的汉画像石刻大禹治水图

当时的中岳嵩山叫崇山,也只露出不多的几块地方,鲧带着他的部族就生活在崇山之巅。鲧是个英雄,他不怕苦,不怕累,率领人们日夜堵水,大家的日子还算过得下去。尧听说了鲧的事迹,就命他统领天下的治水事务。鲧知道天帝那里有一种神土叫息壤,这息壤见风就长,是堵水的绝好材料,就悄

禹

克勤于邦 烝民乃粒
慝数在野 厥中允执
恤酒好言 九功由立
不伐不矜 振古莫及

悄地跑上天，设法偷了一些。只可惜洪水太大，息壤太少，鲧又只知道堵水，不知道疏通，治水九年未能成功，被圣明的尧王处死在羽山。

鲧的儿子叫禹，他接过来父亲未竟的事业，继续治水。禹接受父亲的教训，采取疏导的办法，取高就低，掘河引水。水行坐船，陆行坐车，山行架桥。查地形，勘流向，绘水图，日夜操劳，三过家门而不入。他手执开山神斧，疏通积石山，导开龙门口，劈出三门峡，在今天的黄河下游地区凿出九条河流，把汤汤洪水引入渤海，治水十三年，终获成功。被人们称作大禹。

《大禹像》宋代马麟画

清代雍正年间刊刻的小说《廿一史通俗演义》中的版画：《夏禹治水》

启母石[1]

大禹忙于治水,到三十岁还没有娶上媳妇,涂山氏景仰大禹,就把他们最漂亮的女儿涂山娇嫁给了大禹。涂山娇的妹妹涂山姚和姐姐感情极好,不愿意离开姐姐,就跟着来到了崇地。婚后三日,大禹即辞别妻子,带着队伍去了治水工地。

一晃几个月过去,治水大军又回到崇山。他们要凿通轩辕关,把崇南的洪水引入北边的黄河里去。治水队伍浩浩荡荡经过禹家的村庄,妻子想着丈夫一定会回来看看娘和自己的,翘首企盼了许久,也没有等到丈夫。涂山娇是个好女人,她知道一定是因为工程太急,丈夫没有时间。她于是就跑到工地找到大禹,提出来要为治水出力。大禹想了想,就让她往工地送饭,这样既节省了来往路上的时间,对妻子也是个安慰。两人相约以鼓声为号。

轩辕关山势高峻,工程浩大。为了争取时间,禹把自己变做一只巨大的黑熊,脚蹬、手推、头拱,一坨一坨的石头被抛进水中,溅起滔天的巨浪。只剩下最后一道关口了!这天,大禹攒足了劲,决心一鼓作气,推倒最后一道山峰。他

---

[1] 见张振犁、程健君编《中原神话专题资料》第336页《启母石》。郑州:中国民间文艺家协会河南分会1987年版。讲述人:宫熙。记录人:冯辉、胡汉卿。整理人:冯辉。流传于登封一带。

明张居正编《帝鉴图说》版画：揭器求言

只顾干活了,没小心脚下的石头滚落下去,砸响了挂在山壁上的鼓面,咚咚的声音响起来!

不到吃饭时候鼓怎么响了?涂山娇很纳闷儿。不过她又一想,可能是今天的活儿重,丈夫饿得早吧!她于是挑起汤罐子,提着馍篮子,急忙就往山上赶。来到挂鼓的地方,没人。等了一阵子,还不见人。她想着可能是丈夫等不及,先去了工地吧。于是就又挑担提篮,往上爬去。

响声隆隆,巨石纷纷下落。涂山娇被这壮观的场面惊呆了,她站在岩石上,一边惊叹,一边用目光巡视工地,希望能看见丈夫的身影。

一只巨大的黑熊跳上山头。它伸出两只后腿,蹬住左边的山峰,又伸出两只前腿撑住右边的山冈,黑熊猛一使劲,左边的山峰晃了几晃,右边的山冈却呼地向后退去,直退到山崖边,轰然倒进滚滚的水中,溅起的高浪一下子把云朵洗得雪白。身后的洪水马群般奔向山北。轩辕关打通了!

哈哈哈哈,黑熊站起身,开怀的笑声把山林冲得俯俯仰仰。

涂山娇惊讶极了!她怎么也不会想到丈夫是如此一只黑熊!她又惊又怕又羞又气,扭脸往山下跑去。涂山娇一路哭着跑着,到了家门前,她停住脚,扭过脸想再看一看山上。不想,就在这时候,她忽然化成了一块石头,挺挺地立在了自己家的门口。

到了吃饭时候,大禹敲响了山上的鼓。等了很久,不见有人来。是不是饭没有做好啊?他等了一会儿再敲,仍然没人响应。大禹知道一定出事了!他急忙跑下山,找遍了妻子

河南开封古吹台也叫禹王台,当年大禹曾在此指挥治水

禹王台上禹王庙及庙会的禹王殿

开封禹王台公园一景

居住的院落,一个人影儿也没有。他正着急,猛然看见家门前耸立的石头和石头边妻子送饭的汤罐子、馍篮子,一下明白了眼前的事情。他懊悔和妻子相处的时间太少,没能让妻子了解自己,以至于出现如此的误会。他知道妻子已经怀孕很久,她成了石头可孩子还在腹中呀!大禹焦急万分,对着石头一声大喊:

孩子他娘,给我儿子!

訇然一声,石头破裂,一个健壮的婴儿从崩裂的石缝中儿生出来。他就是启。也就是历史所说的夏启。

这块生启的石头,自然就有了名字,人们都唤它启母石。

河南嵩山启母石（张国臣摄）

太室与少室[1]

启很小,需要有人抚养,禹就把孩子送给了涂山娇的妹妹涂山姚。涂山姚知道治水是天下大事,很仰慕大禹的志气和胆略,就嫁给了大禹,挑起了抚养孩子的重担。

涂山姚带着孩子,天天在村口等禹。一黑一白是一天,一热一冷是一年。寒寒暑暑地过了五载,启就长成了一个天真可爱的儿童,知道跟娘要爹了。一天,涂山姚听说治水的队伍凿开了龙门口,正顺势往下疏通。工地已经移到嵩山的北坡。她多么想见到丈夫啊!算算工地不是太远,于是就背起孩子往工地的方向走去。

翻过一道岭又是一道岭,爬过一座山又是一座山,娘儿俩终于听见了远处隆隆的响声。启问,还远吗娘?娘说,不远了乖乖,一会儿就能看见你爹了!爹长得是不是像山峰一样高啊?不,爹比山峰还高……娘儿俩相互鼓励着又翻过一道山岭,就再也走不动了。娘儿俩坐下来,遥望着远处的工地。

忽然一声巨响,一座山峰轰然倒下,把娘儿俩都吓了一

---

[1] 见张振犁、程健君编《中原神话专题资料》第341页《涂山氏代姐育婴》和神话《五指岭》。讲述人:甄西庆,86岁,已去世。整理人:甄秉浩。流传于登封一带。

嵩山之太室山（张国臣摄）

嵩山之少室山全景（张国臣摄）

跳。

娘，快看，手！

涂山姚也看见了，那不是手，那是一只巨大的熊掌！山倒下去，推山的巨掌露出来，高高地竖着。奇怪的是，叉开的五指直指着高天，再也不收回去了。

母子俩站起来，惊奇地看着。

那是大禹的神掌。他再一次变成了推山的黑熊。只是当他推倒山峰的瞬间，忽然看见远处坐着的涂山姚母子。他怕妻子再蹈姐姐涂山娇的老路，立即变回人形，只把那只巨掌留在了山上。从此，在中岳嵩山，就多了一个灿烂的名字：五指岭。

古时的风俗，男人有妻谓之有室，女人有夫谓之有家。因为涂山娇住在嵩山脚下，涂山姚住在季山脚下，"太"大"少"小，大禹就把姐姐住的地方叫太室，妹妹住的地方叫少室。山以室名，也就跟着叫太室山和少室山了。大禹治水，功盖万世，涂山氏姐妹助禹有德，为纪念涂山氏姐妹，后人就在太室山下建了太室殿和太室祠，在少室山下建了少室殿和少姨庙。在生启的那块石头旁，也建有启母殿和启母庙呢！

第三章 圣贤帝王

禹王殿的大禹塑像

禹王庙内的岣嵝碑。相传大禹治水成功后亲手所写

禹开三门[1]

大禹从西北高原开河引水,过龙门,下潼关,水到三门峡,迎面一座山挡住了去路。眼看着水越积越高,就要淹住老百姓的房屋住宅了,禹很着急,就骑马上山察看。他看了峡北,还想到峡南去看,可是峡宽水急,他有点儿犹豫。

大禹的马是一匹神马,曾驮着大禹闯过了很多难关。它站在岸边,咴咴儿直叫。

大禹说,马呀,你能过去吗?

马叫唤两声。意思是能过去。

可是正当他们要过的时候,忽然水面上起了大雾,看不清对岸的情况,大禹只好作罢。

第二天,大禹骑马又来到岸边。风沙骤起,不辨东西,还是不能过。第三日,天气仍然不好,雾气升腾,一片迷蒙。大禹看河水飞涨,急得不得了。他说,马呀,你就跃过去吧!

马跟随主人多年,知道主人的脾气,咴咴咴,长嘶三声,昂首奋蹄,猛往对面跃去。因为马跳得太远太急,又有雾气

---

[1]《水经注四·河水》云:砥柱,山名也。昔禹治洪水,山陵当水者凿之,故破山以通河。水分流,包山而过,山见水中,若柱然,故曰砥柱也。三川既决,水流疏分,指状表目,故谓之三门矣。

障眼,两个前蹄刚一着地,哧溜一滑,猛然下卧。大禹勒紧缰绳,大喊一声,快起!神马一跃,站了起来。两只前蹄在石上蹬出两个磨盘大的蹄窝,马嘴磕在前边的石头上,留下了一个深深的唇痕。马从峡北跃起时勇猛用力,在石上也留了清晰的蹄印。这些遗迹至今还在,多少年来承接着后人无尽的凭吊[1]。

大禹察看了大山的全貌,就下了劈峡放水的决心。他提起自己的开山神斧,来到堵水下流的那座山梁上,奋力举起,叭,叭,叭,连砍三斧。

谁知道,这座山的石头太硬,一片火光溅起,

---

[1] 见神话《马蹄窝》。搜集人:巴牧。整理人:王家俊、陈志海。流传于三门峡一带。

三门峡大禹塑像(程健君 摄)

明末画家萧从云的《应龙画河图》

映红了半边天际，石梁却并不见开裂。大禹急了，举起斧头，又是一阵猛砍。

洪水似与大禹较劲，他砍着，水涨着，眼看着冲向了岸边的人家。

岩石也在与大禹较劲，死撑着就是不开。

大禹的动作越来越慢，劈石的力量越来越小。渐渐地，他感到自己的胳膊有些不听使唤了。

大禹站直身子，他想歇一歇，攒了劲再劈。就在这时，他忽然看见大水涌进了岸边的村落，冒一股烟儿，又冒一股烟儿，一排房屋没有了。

大禹急得猛一跺脚。他这一跺脚，地动山摇，草木喧哗！

哎，胳膊累了，我何不用脚试试！

大禹把左脚插进斧子劈裂的石缝中，他想把右脚也伸进去，无奈石缝太小，插不进去。也罢，伸右脚蹬住南岸的石壁，猛一用劲，嗨！只听山崩地裂一声响，两岸大山一齐后退，哗——洪水如万马奔腾，急往下冲。翻卷的水雾把太阳都遮住了。三门峡南岸的石壁上，至今还留有一个深深的大脚印，五个脚趾头齐朝上竖着，无声地讲述着大禹的没世之功[①]！

大禹劈山形成了南边的鬼门岛、中间的神门岛和连着北岸的人门岛。大禹嫌这里的水流太急，又举起斧子，砍出了一座砥柱岛，让它起定波镇澜的作用。禹开三门，等于开启了阻拦洪水的最后一道巨锁，滔天洪水直泄东海，神州大地渐渐地露出水面。

[①] 见神话《神脚掌》。搜集人：顾丰年。流传于三门峡一带。

淮源。灵渎安澜殿内的大禹像

淮河之源。大禹治水多次到此

第三章　圣贤帝王

大禹锁蛟①

　　大禹治平洪水，人民安居乐业。可是在禹州颍河一带，总有人畜丢失的现象发生，头天人还好好的在地里干活，第二天早晨就不见了，连一点儿血迹也不留。特别是刮风下雨的夜晚，那就必然出事。有的时候，人们正在颍河里行船，无风无浪的忽然就船翻人亡；还有的时候，颍河里的水无端地漫上堤岸，淹毁大片农田。两岸的百姓人人自危，生怕灾难会随时降临到自己头上。这事很快就传到大禹的耳朵里。根据种种迹象，他分析一定是有蛟龙作怪！

　　大禹来到颍河边，找一个隐蔽的地方藏起来。静静地观察了一段时间，他发现，这是一只年轻的蛟龙在作怪。早年治水的时候它还小，所以没有注意它。这天晚上是一个阴天，扯闪打雷的，就是没有落雨。按照蛟龙的活动规律它一定会出来为害的。大禹带领众人，拿箭持弓埋伏在颍河两岸。

　　果然，到了午夜时分，一阵激浪翻卷，蛟龙蹿出河面。大禹喊一声放箭，众箭齐发，直指蛟龙。蛟龙中了箭，一转身潜入水底。大禹一挥手，撒出一扇巨网，把颍河蒙了个严

---

①见神话《禹王锁蛟》。讲述人：刘刚，已故。记录人：刘增杰，河南大学学生。流传于禹州一带。

河南商丘城内的禹王锁蛟井

严实实。蛟龙看不能从河面上逃走,就从水底曲里拐弯地潜向西山。

大禹连夜赶到西山,他们发现了一个山洞,洞口还有几滴血迹。

就是这里了!

大禹在洞口支上捕蛟网,又命人张弓搭箭,做好准备。

等了一阵子不见动静。禹想了想,就让人搬来柴草,点着,顺着风往里熏烟。

滚滚浓烟灌往洞中。开始,蛟龙还勉强撑着,无奈烟越熏越重,蛟龙受不住,一拧尾巴冲出来。

大禹的网是专门用来捕蛟的神网,越挣越紧,进来了就

河南禹州的禹王锁蛟井

不会走脱。

收！大禹一声喊。一群壮汉，几根粗绳，咔咔咔，十几个死扣一打，就把恶蛟捆了个结实。

蛟龙是天上的神，可不是能够随便处死的[1]。大禹不能杀它，又怕它走脱了为害百姓，就命人打制了一条粗铁链子，往蛟龙头

---

[1] 见神话《禹王锁蛟》。讲述人：朱玉洁祖母，83岁，已故。整理人：朱玉洁，河南大学中文系1986级5班。时间：1989年12月，地点：禹州市火龙乡。流传于禹州一带。

浙江绍兴大禹陵,传说是禹的墓地。

上一锁,投到了禹州城附近的一口深井中。然后搬来石板压住井口,贴上封印写上字,叫它永世不能出来。

蛟龙害怕了,就问大禹:禹王,我啥时候才能出来呀?

大禹回答:你想出来?除非石头开花!

多少个岁月忽悠悠流过,蛟龙一直睡在井里。石头哪会开花呢!

说来也巧,有一年,一名州官慕名前来游玩,天热出汗,他摘下帽子挂在了井边的石栏上。这一下可不得了了!只见井里边的水哗哗地往外涌,蛟龙的头都快伸到井沿上了。大家谁也不知道是怎么回事,一个个拿了东西就逃。好在那州官没忘了他的官帽,抓起来就往外跑!原来他帽子上恰巧有一朵花,又正好挂在石栏上。那蛟龙以为是石头开花呢!谁知道伸出头来一看,破石头还是个破石头,什么花也没有,它只得又沉入井中睡它的觉了。

钧瓷禹王锁蛟塑像

锁蛟的这口井今天还在，它就是禹州城中的八角琉璃井。

商 汤

商汤祈雨[1]

商汤王是天帝的雨官,掌管着天下的雨事。哪个地方下雨,什么时候下雨,下多大的雨,都在雨簿上写得清清楚楚。商汤王下凡的时候,天帝的雨簿他没有交。可是一到凡间当天子,忙得脚丫子朝天,整天觉睡不好,饭吃不香,一不小心,就把雨簿弄丢了,怎么找也找不着!大臣们都急坏了,没有雨簿,天就没法下雨。天不下雨,庄稼哪有收成?庄稼没有收成……大臣们都不敢往下想了。

商汤王不在乎。商汤王说,不下雨就不下雨吧!河洇十里,井洇五里,早晨的露水潮三分。就是十二年不下雨,还

---

[1]《尸子》卷下云:汤之救旱也,乘素车白马,着布莎,身婴白茅,以身为牲,祷于桑林之野。——《二十二子》第376页。上海:上海古籍出版社1986年3月版。

商汤像，宋代马麟画

明代万历年间刊刻的小说《列国前编十二朝》中的版画：《众诸侯立汤王为帝》

是好收成！商汤金口玉言，这以后果然河涸、井涸、露水涸，年年的收成还算可以。可是十二年过去了，还是一滴雨不下，河里的水干了，井里的水涸了，早晨的露水也没有了，别说长庄稼，连水都喝不上了，这可怎么办呢！人心惶惶，举国上下都坐不住了。

商汤王痛感自己丢失雨簿的过错严重，就跪在地上向天帝请罪。他说，天帝啊，如果你能给天下的黎民百姓下一场透雨，我甘愿焚身赎罪！

话音刚落，立时乌云罩顶，电闪雷鸣，滂沱大雨下了个沟满河平。老百姓十二年没见过雨了，一个个光膀子跑上大街，在雨中载歌载舞，欢呼雀跃。

雨透天晴，万物复苏，草长了，花开了，小溪欢歌，百鸟翔集，山山水水都精神起来了。天帝托梦让商汤王还愿。汤王说，好吧，我射出一支箭，箭落在啥地方我就在啥地方

明末画家萧云从画《玄鸟赐喜》。简狄是帝喾之妃,传说简狄吞玄鸟卵而生商的始祖契

河南济源境内的待落岭远眺（翟明东提供）

初夏的山西析城山圣王坪（翟明东提供）

第三章 圣贤帝王

明张居正编《帝鉴图说》版画：《桑林祷雨》

架柴自焚，不用天帝再催①！这就是后来人们常说的一箭之地！

商汤王特制了一张硬弓，又造了一支屋梁般粗细的长箭。站在京城墙上，他拽满弓弦，对着远方，使出了平生的力气。

这支箭越过太行山，掠过王屋山，又往北飞了长长的一程，最后在一座宽阔的坪台上落下，正扎在坪台中间。

商汤王一射出去，就跟着这支箭往前急追。见一个老汉放羊，他问，见着一支箭没有？老汉伸手一指，你没看山都叫它拱掉一块，呼呼地往东走了。今天的济源市邵原镇附近的箭呼门，就是这支箭留下的神迹②。商汤王继续东行，追到王屋山顶，一个采药的老人告诉他，箭往王屋山北飞去了，"待落了，待落了"！"待落"是当地方言，意思是"快落了"。所以这个地方的名字后来就叫待落岭，到今天都没有改变。商汤王又追四十五里才到了山北，勒住马仔细一看，那支要命的长箭就扎在这个坪台的正中央！

商汤王来到坪台上，命大臣砍树架柴。大臣们边哭边堆柴禾，很快，一架十二层的柴垛堆了起来。商汤王先洗了澡，又换上崭新的龙衣，然后从容地走上柴垛，自己点燃了熊熊的大火。

天子为救民舍身得，古往今来可不多见啊！山里的鸟儿知道了，齐噙了泉里的水来救汤王。大鸟、小鸟，遮天蔽日，

---

① 见张振犁、程健君编《中原神话专题资料》第372页《盛花坪》。郑州：中国民间文艺家协会河南分会1987年版。讲述人：韩龙韦、王怀修。搜集人：胡凤琴、陈志海、张振犁。流传于济源一带。

② 讲述人：翟钢炮，男，60岁，济源市邵原镇人，当过兵，是当地一个开发公司的董事长。记录人：孟宪明。记录地点：邵原镇东山上。记录时间：2006年11月21日。

忙得像山涧的风,多得像山顶的云。乌鸦也飞来了,衔水路远啊,它想省事,就衔了身边的油过来灭火。火遇见油,烧得更旺了。汤王一睁眼看见了,禁不住说乌鸦,你不干好事,五黄六月里让你喝不到水,十冬腊月里叫你找不着窝!从此以后,夏天里的乌鸦就光张嘴喝不到水了。它下巴上有一个小孔,一喝水就漏掉!十冬腊月得洗澡,不洗澡就身上发痒[①]。

再说天帝并不是真想让汤王死,他是想惩罚不长个记性。一看商汤王点燃了自焚的火,连忙派十二条老龙下来救主。"红山下雨!"天帝说。十二条老龙误听成"逢山下雨",见山就下起雨来!等来到商汤王自焚的地方,带的雨刚好下完,眼睁睁看着汤王烧死!天帝大怒,再不许十二条老龙上天。"一十二个老龙洞,三百六十个老龙坑。"在商王自焚的坪台上至今还留着这句话呢[②]!

商汤王死后,老百姓很想念他,就在这座坪台上修起了一座汤王庙,也有人叫它圣王庙。庙修好的那天早上,坪台上开满了馥郁的花朵,就像忽然飘落下的天上的云锦,蜂舞蝶喧,鸟鸣雀唱。有人看花朵美丽,就想移走几株。可那些鲜花一离开坪台立即死掉,一天也不愿意多活。老百姓都说,这是专为商汤王盛开的灵花。时间长了,人们就叫这座坪台为圣王坪,也有人喊它盛花坪[③]。

[①]见张振犁、程健君编《中原神话专题资料》第371页《汤王祈雨》。讲述人:黄习瑞,58岁,农民,不识字。搜集人:张振犁、程健君、胡佳作。流传于济源一带。

[②]讲述人:翟钢炮,男,60岁,济源市邵原镇人,当过兵,是当地一个开发公司的董事长。记录人:孟宪明。记录地点:邵原镇东山上。记录时间:2006年11月21日。

[③]见张振犁、程健君编《中原神话专题资料》第372页《盛花坪》。郑州:中国民间文艺家协会河南分会1987年版。讲述人:韩龙韦、王怀修。搜集人:胡凤琴、陈志海、张振犁。流传于济源一带。

第四章 王母娘娘

王母娘娘[①]

王母洞

古时候人、神离得近,有事一烧香神就知道了。所以那时候的人们好祭祀。有一年老天爷过生儿,轩辕黄帝带着人专程跑到王屋山顶上去祭祀。山高天近,老天爷早知道嘛!黄帝一烧香,香味儿上飏,老天爷就闻到了,问,香味儿这么浓,是哪儿烧的呀?王母娘娘说,今儿不是你的生儿吗,轩辕黄帝在王屋山上烧的。烧的啥这么好闻?王母说我也不知道。老天爷说派个人下去看看。于是就派太白金星下去了。

黄帝烧的是山里的檀香。檀香是自然香,不烧也香,烧了更香。黄帝向上苍祈求人寿年丰、天下太平呢,所以香火烧得很盛。整个王屋山到处弥漫着浓郁的香气。

[①]《山海经·西山经·西次三经》云:又西三百五十里,曰玉山,是西王母所居也。西王母其状如人,豹尾、虎齿而善啸。蓬发戴胜,是司天之厉及五残。
——《二十二子》第1346页。上海:上海古籍出版社1986年3月版。

西王母。出自《中国的神仙》

太白金星回到天上学嘴，说王屋山如何美，说檀香木如何香，说轩辕黄帝如何心诚，说老百姓如何辛辛苦苦劳动总想要个好年景。老天爷一听马上恩准，给、给，让王屋山年年好收成！

王母娘娘坐在身边呢，一听王屋山景色优美风光如画，马上就动了凡心。第二天一早，梳洗打扮了一番，就带上仙女们和众随从驾幸王屋山。王屋山鸟语花香，古木参天，遍地奇花异草，扑面和煦香风，看啊游啊，唱啊乐啊，不知不觉天上就起了万朵晚霞。众仙娥们更高兴了，齐仰起头喊美，指指点点，喊喊喳喳，没想这时候忽然传来一声响：哐当！大家一扭头才发现，时辰已到，南天门关上了！

按说仙女们该急，可她们一个个的小脸上却都绽开了笑容：世间这么好，男耕女织，夫唱妇随，谁愿意回去呀！不过她们嘴上可不敢这么说，有人故意说，回不去了，今夜儿到哪里休息呀？有人笑着答，回不去了，咱就在这儿多玩几天！

王母娘娘也想在这里多玩，要不然，她会让大家玩过了时间？不过话不能这样说。她说，仙家可不能久居人间啊！大家要是真想玩儿呢，咱就在这儿辟出个行宫，以后大家常下来逛逛就是了。

女孩子们听了，一个个欢欣鼓舞。当下，王母娘娘在五斗峰下选好地方，命雷公击鼓，电母扯剑，叮叮咣咣，一阵子好凿，就造出了偌大一个山洞。这洞一排八个大厅，厅内宽敞阔大，容得下千军万马。洞口却窄狭细小，只能让一人通行。王母娘娘住在正厅，宫娥仙姬分住两旁。大家在山上玩了一天，满脸是土，浑身是汗，雷公电母忙辟了一条暗道把天河里的水引来，让大家洗了个痛快澡。仙女们洗下的脂粉水淌到洞里，很快积满了一池。天长日久，洞内的水渐渐渗进了王屋山中，脂粉却留在洞内，积了厚厚的一层。因是红色,人们就叫它"胭脂泥"。胭脂泥细腻,黏稠,质地极好,旧时人们用它捏成烧油的灯盏,不用火烧,不用上釉,光滑明亮,一点儿也不渗油。所以,到洞内游玩的人,无论是谁,临走时总忘不掉挖一块红泥带着。这一排八厅的大洞因是王母娘娘的行宫,人们就叫它王母洞,从洞里漏出的水自然也是天河的玉液无疑,所以甘甜清凉,口感极佳,谁进来都想喝一口呢[①]!

王屋山上高达两千年树龄的银杏树

[①]张振犁、程健君编《中原神话专题资料》第221页《王母洞》。郑州:中国民间文艺家协会河南分会1987年版。讲述人:段庆川、程月英。整理人:缪华等。流传于济源一带。

小麦为啥一个穗①

相传远古时候，小麦不仅遍地都是，而且长得很好，麦穗多得像芝麻梭子，一排一排往上蹿。籽儿长得也大，粒粒都像黄豆。麦多面多，吃不完用不尽的，人们就不知道爱惜，随意地糟蹋起来。玉皇大帝听说了这件事，就想派个人下去私访私访。派谁呢？派谁他都有点儿不放心，于是他就派了自己的老婆王母娘娘。

王母娘娘打扮成个要饭的老婆儿，扛着个破竹篮子，挂了根打狗棍子。她一进村，就闻见了一股烙饼的香味儿，顺着香味儿，王母娘娘走进了一户人家的院子。果然，一个老太婆正支着铁锅在院子里烙饼。

王母娘娘走上前，捂住肚子做出难受的样子，说，老人家，行行好吧，俺三天没有吃饭了！

老太婆脸儿都不扭，说，去去，没啥东西给你！

王母娘娘说，您不是烙了恁高一摞子饼吗？行行好给俺一个不中吗？

老太婆这才抬起头。

---

① 见神话《麦子为啥只长一个穗》。讲述人：张树标，男，农民，已故。搜集整理：张贺勋，男，33岁，高中，汉族，淇县文化馆工作人员。时间：1987年5月。流传于淇县一带。

王母娘娘想着她要给她饼了，正要伸手，没想到老太婆却说出这样的话来：这是给俺孙儿垫屁股，当屎布用呢！

当屎布咋能用烙饼呢？王母娘娘皱起眉头。

哎呀，你这个要饭老婆儿真是不懂事！你没看看天冷了吗？不用热烙饼垫屁股冻着了我孙儿咋办？

啊，啊啊！王母娘娘摇着头，扭脸走了。

刚走到这家门外，正碰上一个媳妇端着盆子去喂猪。一盆子白蒸馍，大半个的，小半个的，还有囫囵个一点儿不缺的。王母娘娘连忙截住她，说，大嫂子行行好，可怜可怜我这个要饭的老婆子吧！

媳妇不耐烦地挥着手说，走走，走吧！没啥东西给你！

王母娘娘说，就您盆子里的剩馍给俺一口不行吗？

那媳妇说，哼，给你？喂了猪它能快点儿长大，我们好吃它的肉。给你了有啥好处？你走吧走吧！

王母娘娘气坏了，她本来想要三家呢，只要了这两家她就回去了。这天夜里，一群天兵天将悄然降临人间，不问青红皂白，见麦穗就捋，见麦秆就踩。人都睡了，谁也不知道夜里发生的事情，只有看家的狗没有睡着，它看麦穗子马上就被捋光了，急得不行，眼泪汪汪地跑到王母娘娘身边，一个劲儿地求情：

留一穗吧！给俺留一穗！您要都捋光了，俺狗还不是都得饿死吗？人糟蹋粮食人该受惩罚，俺狗可没有糟蹋呀！您就给俺做狗的留一点儿吧！

王母娘娘看狗眼泪汪汪的怪可怜，就没让天兵天将都捋光，给狗留下了最后一穗。

从此以后，小麦就只剩下尖上一个穗，并且籽粒又瘦又小。俗话说的"人吃狗食"，就是指的这件事情①。

每一根小棍儿都是一个心愿，它能给祈祷者带来吉祥

①作者听母亲讲。母亲李桂枝，河南杞县人，2001年10月去世，享年86岁。

第五章 日月星辰

夸 父

夸父逐日[1]

古时候有一个人叫夸父,身高体壮,力大无比。他见过日出,没见过日入。也就是说,他知道日头是从哪儿升起来的,却不知道它最后落到了哪里。为了弄明白这件事,他决心追赶日头,看看它究竟落到了什么地方[2]。

太阳刚刚升起,他就穿戴整齐,拿了手杖,迈开大步急急地追起来。他走得太快太急,在地上留下了一大串巨大的脚印。

---

[1] 《列子·汤问》云:夸父不量力欲追日影,逐之以隅谷之际,渴欲得饮,饮赴河渭。河渭不足,将走北饮大泽,未至,道渴而死。弃其杖,尸膏肉所浸生邓林,邓林弥广数千里焉。
——《二十二子》第210页。上海:上海古籍出版社1986年3月版。
[2] 张振犁、程健君编《中原神话专题资料》第272页《夸父追日》。郑州:中国民间文艺家协会河南分会1987年版。讲述人:张景春,男,65岁,粗识文字,农民,孙金禄,男,75岁,不识字,农民。录音:程健君。采访:河南大学"中原神话调查组"。时间:1984年12月7日。地点:灵宝县阳平公社涧沟大队夸父营村。流传于灵宝一带。

太阳飞快地转,夸父急迫地追,不觉就到了南方。太阳升高了,放射着炽热的光芒。夸父不顾炎热,越追越近,连太阳咋走的都能看清了。他本来这样尾随着也就可以了,可他想再靠近些,他要和太阳同行。夸父有的是力气,唯一的不舒服就是有点儿口渴,离太阳越近,口渴得越厉害。他正要找点儿水饮,忽然眼前一黑,一个跟头栽倒在地上。

夸父渴昏了!

等夸父醒过来时,太阳已经走远。

夸父爬起来,拍打着身上的土,摇摇晃晃来到了黄河边,他趴下身子,一口气把黄河喝了个干净。还渴,他又走到西边的渭河,一阵子豪饮,又把渭河喝干了。喝干了两条河,他感觉这个渴还没有止住。看来,只有去北方喝大泽里的水了!夸父站起来,拄着手杖就往大泽赶。夸父实在太渴了,最终没能走到大泽,只走到今天的灵宝这地方,就给生生地渴死了!

夸父倒下去,他的身体变成了一座山,就是今天的夸父山。他丢下的手杖变成了一片绯红的桃林,后人们叫它桃林塞。夸父的子孙们追到这里,就成了这现在的夸父营①。

古画:夸父追日图

---

① 见神话《夸父山和桃林塞》。记录人:许顺湛、丹书。整理人:李庆红、张振犁。流传于灵宝一带。

后 羿

后羿射日[①]

远古的时候,天上的太阳神一共是十个兄弟,他们都是

河南南阳汉画像石刻,日中三足乌

[①]《山海经·海内经》云:帝俊赐羿彤弓素矰,以扶下国。羿是始去恤下地之百艰。
——《二十二子》第1387页。上海:上海古籍出版社1986年3月版。
《淮南子·本经训》云:逮至尧之时,十日并出,焦禾稼,杀草木,而民无所食。猰貐、凿齿、九婴、大风、封豨、修蛇,皆为民害,尧乃使羿诛凿齿于畴华之野,杀九婴于凶水之上,缴大风于青丘之泽,上射十日而下杀猰貐,断修蛇于洞庭,禽封豨于桑林,万民皆喜,置尧以为天子。
——《二十二子》第1239页。上海:上海古籍出版社1986年3月版。

明代万历年间刊刻的小说《列国前编十二朝》中的版画：羿射九日

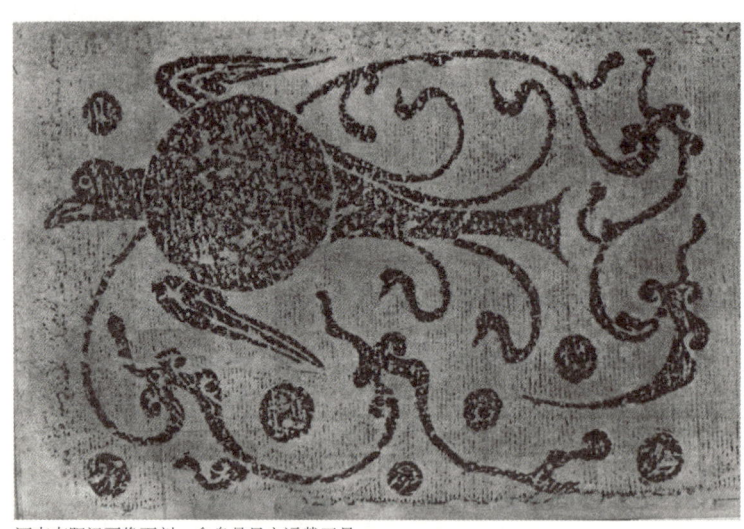

河南南阳汉画像石刻，金乌是日之运载工具

天帝的儿子。为了给人间送暖,天帝命他们轮流出来,每天一个。这样世上有光有热,有白天有黑夜,老百姓能干活能休息,一个个安居乐业,十分快活。到了尧帝的时候,十个太阳乱套了,忽然一下子全蹿上天空,大地上猛然增加了十倍的热量,草木枯焦,江河干涸,加上没白天没黑夜,人们吃不成,睡不好,火烧火燎,焦渴难当,日子过不下去。后羿是当时善射的英雄,他看老百姓这样受苦,下决心为民除害,发誓要把这些太阳全都射掉。后羿亲造了十支长箭,每支都有一丈多长,又收拾好自己的千钧神弓,就悄悄来到中岳嵩山的最高处,静等着太阳过来。

十个太阳你追我赶,得意洋洋地飞过来,后羿拉满弓弦,对着前头的一颗猛地射去。噗的一声,正从太阳中间穿过,这太阳滚一个火球掉入山中。其他九个看见,喷着火齐向后羿扑来。后羿不怕,一次搭上三支箭,嗖嗖嗖,连射过去,乱纷纷三颗太阳相继掉落。剩下的

河南南阳汉画像石刻后羿射日

六颗一看不好,谁也不顾谁了,各自逃命要紧。后羿哪能饶得了他们,搭箭上弓,从后边追上去,又连续射了五箭。

山风凉爽,满天的星斗眨起了眼睛。这可是多长时间没有的景象啊!人们纷纷从山洞里、从地底下钻出来,欢呼胜利。

后羿摸了摸腰际,还有一支长箭没有用上。也就是说,还有一颗太阳没有射住。除恶务尽,后羿迈开大步,满世界寻找剩下的这最后一颗!

剩下的这颗太阳排行老十。他逃到了后山沟里,草枯树焦,实在没有地方躲藏,正紧张呢,忽然看见一棵马齿菜,就缩小了身子,连忙钻到马齿菜下。马齿菜也有心救他,舒展了枝叶,把他护了个严实。

后羿追到后沟,正碰上一只老公鸡,就问他见没见逃走的那颗太阳。老公鸡知道,要是一颗太阳都没有了,无光无热,万物不长,世界非完蛋不可。就往外一指,骗后羿说,跑那边去了!他脚下的蛐蟮听见了,连忙给后羿报信:在这儿哩,在这儿哩……老公鸡一看要坏事,伸了头就去啄,吓得蛐蟮连忙钻到了地底下。

只剩下一颗太阳,大家都请求后羿不要再射了。后羿说,只要他保证以后不再乱来,我就可以放过他。

人们得到承诺,都一齐出来喊这颗太阳。还怕声音不够大,又把家畜、家禽也都动员出来[①]。因为太阳神藏在马齿菜下边时,亲耳听到了老公鸡救他的话,所以他相信公鸡的

[①] 见神话《鸡叫明的传说》。讲述人:郭张氏,女,50岁,务农。记录人:郭祥振。流传于豫中一带。

喊叫。可他毕竟吓破胆了,喊一遍,喊两遍,他都不敢出来,直到老公鸡连喊三遍,他确信没有危险了,才敢慢慢露头,还每次总是先探出来半个脑袋。

为报答救命之恩,太阳神赐给马齿菜一粒仙丹,吃了永远晒不死。所以马齿菜从不怕晒。赐给老公鸡一个神奇的嗓子,能吃沙子吃石子,还能吃蝎子吃蜈蚣吃各种毒虫,走到哪儿吃到哪儿永远饿不着。太阳神最恨的是蚰蟮,只要见它出来就聚起强光猛照。所以蚰蟮最害怕太阳,每天躲到地下,只有天黑的时候才敢露出头活动活动①。

---

①见神话《老公鸡、马齿菜、蚯蚓和太阳》。讲述人:李成林,53岁,武陟县小董乡大陶村人,干部。搜集人:王光先。流传于武陟一带。

嫦 娥

嫦娥飞天①

后羿射死了玉帝的九个儿子,就把老天爷得罪苦了。本来后羿也是天上的神仙,这下就不准他再去天上了。不上天就不上天,后羿决心造福人间,为百姓们做事。他射死了山

河南南阳汉画像石刻:嫦娥奔月

---

① 《淮南子·览冥训》云:羿请不死之药于西王母,姮娥窃以奔月。
——《二十二子》第1233页。上海:上海古籍出版社1986年3月版。
《孟子·离娄下》云:逢蒙学射于羿,尽羿之道,思天下惟羿为愈己,于是杀羿。
——杨伯峻《孟子译注》第194页,中华书局1960年1月版。

明代万历年间刊刻的小说《列国前编十二朝》中的版画:羿妻吞药奔入月宫

冈一样高的野猪,山岭一样长的巨蟒,乌云一样快的鸷鸟,深获老百姓的敬爱。俗话说,美女爱英雄。当时最漂亮的女孩儿嫦娥就看上了后羿。两人结成了夫妻,小日子十分甜蜜。白天后羿外出打猎,嫦娥在家纺棉做衣。晚上回到家中,饭菜可口,恩爱无比。

后羿的箭法精妙,野兽越打越少,为了能有所收获,有一次他竟然走到了西方极远的昆仑山上,见到了众神之王西王母。西王母看他英俊潇洒,又知道他箭法绝伦,得罪了玉帝,就送他一包不死之药。这药少吃可保长生,吃多了就能超凡成仙,重新回到天上。西王母也是想帮后羿的忙呢!

后羿拿着这包神药回到家中,心中高兴,又喝了酒,就对妻子说了个详细。嫦娥听了十分欢喜,当下两人商定,等到八月十五朗月高照的时候,两人一起吃下这药,活一个地久天长的年纪,享一个夫妻美好的久远。

元人画《广寒宫图》。无款

　　转眼就到了八月十五这一天。为了晚上服药时能有丰盛的猎物让妻子高兴，后羿带着徒弟们走了很远的路程。后羿的徒弟中有一个叫逢蒙的，是一个奸佞小人。他听说师父得了不死之药，就悄悄打听药藏在哪里，想自己偷吃了成仙上天。这天他跟着师傅走到半路，一蹩头偷跑回来。傍晚时分，他窜到了嫦娥屋里，立逼着嫦娥把药给他，还对师娘动手动脚。嫦娥一介弱女，身单力薄，喊叫没人应，打斗没有力，她想，我就是拼着一死也未必能保住仙药。情急之中，拿出药包猛地往嘴里一倒。霎时，她就像春天的紫燕嗖地从开着的窗户飞了出去。逢蒙一愣神，嫦娥已经飞出好远，向着天上的月宫疾速飘去①。

后羿回到家中，看到地上的药包，知道嫦娥已不在人间，号啕痛哭。他知道嫦娥飞上了月宫，就拿出嫦娥做的、他俩都爱吃的饼子摆在桌上，对着天空遥遥致祭，表达祈盼嫦娥回来夫妻团圆的心情。因为这天是八月十五月圆之夜，人们就把后羿设祭的这种圆圆的饼子叫月饼。又因为人们同情嫦娥，爱戴后羿，憎恶逢蒙，所以每到这天，人们就拿出自己做的月饼和各种各样的水果祭祀嫦娥，并把逢蒙的恶行讲给后人听，年深月久，八月十五这天就成了大家共同的节日——中秋佳节了。

---

①见神话《中秋节的来历》。讲述人：赵光华，男，干部。搜集整理：徐东。流传于南阳一带。

唐寅画《嫦娥》

明代崇祯年间刊刻的小说《七十朝人物演义》中的版画：嫦娥奔月

牛 女

牛郎织女①

从前有一户人家,父母双亡,只有哥弟两个。家有房屋土地,也有牲口农具,哥哥善良能干,嫂子贤惠美丽,吃饭穿衣的,都对弟弟不错。弟弟还不到十岁,整天扛个草篮子,牵着家里的牛到河边去放,人们都叫他牛郎。

岁月悠悠,牛郎渐渐长高。嫂子看在眼里,心里就作事了。

---

① 《诗经·小雅·大东》云:维天有汉,监亦有光。跂彼织女,终日七襄。虽则七襄,不成报章。睆彼牵牛,不以服箱。
——《十三经注疏》第461页,北京:中华书局1980年9月版。
《古诗八首·迢迢牵牛星》:迢迢牵牛星,皎皎河汉女。纤纤擢素手,札札弄机杼。终日不成章,泣涕零如雨。河汉清且浅,相去复几许!盈盈一水间,脉脉不得语。
——陈徐陵编《玉台新咏》第12页,郑州:中州古籍出版社1991年11月第1版。
汉应劭《风俗通义》云:织女七夕当渡河,使鹊为桥。
——中法汉学研究所编《新序通检 风俗通义通检》第87页,上海:上海古籍出版社1987年3月第1版。
宋罗愿撰《尔雅翼》卷十三云:涉秋七日,(鹊)首无故皆髡。相传以为是日,河鼓与织女会于河东,役乌鹊为梁以渡。故毛皆脱云。

她想,将来还得给他娶媳妇,娶了媳妇还要生孩子,不几年就得添几张嘴,要是再一分家,财产一劈两半,哪还有多少东西?她这一想,就对牛郎不好了。叫他吃剩饭,穿破衣裳,还时不时地恶语相加。牛郎不吭声,想着她是嫂子哩,老嫂比母,只管干活就是了。嫂子看他不吭,就在丈夫面前说牛郎的坏话,立逼着丈夫跟牛郎分家。丈夫拗不过她,就找到弟弟说了分家的话。牛郎一听就哭了,说,我从小跟哥嫂长大,嫂子给我做吃做穿,我情愿一辈子跟着哥嫂过。哥也哭了,说,还不都是你嫂子那小心眼儿,整天跟我生气。看来咱这家是捆不到一块儿了,兄弟,算哥对不住你了!

话到这份上了,还有啥说呢!牛郎再出去放牛,就感到心里难过。一想起分家的事就泪水长流。一天他又掉泪,忽然就听见有人劝他:牛郎,别发愁了,分就分吧!

牛郎四下里看看,一个人影儿没有,谁在和我说话呢?正纳闷儿,只见老牛一跩一跩地走过来,张了张嘴,又说话了:

牛郎,别难过,分了家我给你想办法!

牛郎一听,惊讶得嘴都合不住了。他和老牛形影不离地过了多少年,还从不知道老牛会说人话呢!他摸着老牛的大耳朵说,牛大哥啊,您有啥办法快给我说吧!

老牛说,分家时你啥也别要,就要我和那辆老破车,再要一袋子炒豆,到时候我拉着你找一个好地方去过日子。

要炒豆?要炒豆干啥?

要炒豆我吃嘛!

好吧!牛郎破涕为笑,回去后就答应分家,他提出来要那头老牛和那辆破车,还要了一袋子炒黄豆。

嫂子看他不分宅子不要地，只要了这么点儿东西，眉开眼笑地答应下来。

牛郎拉着牛套好车，慢慢地走出家门，回头看看从小住惯了的院子，禁不住又流了眼泪。

出了村子，老牛说，别难过了牛郎，快上车吧！

牛郎坐上破车。

老牛说，闭上眼睛。

牛郎连忙闭上了眼睛。

大车飞起来，只听见耳边呼呼的风响。不大一会儿，车停下来，老牛说，睁开眼睛吧！

牛郎睁开眼睛一看，哎哟，这是哪儿呢？小河边芳草萋萋，山坡下果树飘香，水清得照影儿，地肥得流油。牛郎高兴极了，选一块向阳的地方，搭一间茅草窝棚，就和老牛住了下来。

转眼又是一年。这天，牛郎正和老牛一块儿在地里干活，老牛忽然停下来看着牛郎说，牛郎啊，你也不小了，想不想要个媳妇啊？牛郎一听脸儿就红了，说，这荒山野岭的连个人影儿都见不到，上哪儿要媳妇啊！

老牛说，山那边有个大湖你不是知道吗？今天中午玉帝的几个闺女到湖里洗澡哩，咱俩偷偷藏到树棵子里，等她们下了湖，你就挑一件粉红色的裙子拿过来，那是玉帝最小的闺女七仙女的。你把它藏到我卧房的墙角里，咋求都不要给她，她就会做你的媳妇了。记住了吗？

记住了记住了！牛郎连连点头。

牛郎和老牛刚在树棵子里藏好，七个仙女就降临到了湖

清人任伯年画：《天孙为织云锦裳》

边。她们一个个脱下衣裳,手扯着手跳到湖里,嘻嘻哈哈地洗起澡来。老牛看时间到了,就给牛郎点了点头。牛郎悄悄地跑过去,捡了那件粉红色的裙子扭脸就跑。湖里的姑娘们受了惊吓,一个个尖着嗓子爬上岸,穿上各自的衣裳飞上天去。

七仙女名叫织女,她看偷走的是她的衣裳,顾不得害羞难看,光身子去追牛郎。

牛郎跑到家里,把裙子往老牛卧的房角里一藏,老牛也会配合,马上撅起尾巴屙了一大堆牛屎,正把那裙子盖了个严实。

织女追到屋里,东找西找找不到衣裳。找不到衣裳上不了天,又经老牛说合,就给牛郎做了媳妇。这以后,牛郎种田,织女织布,小日子过得很是甜蜜。一年以后,织女生下个龙凤胎,一个男孩儿,一个女娃儿,小两口幸福无比,院子里天天欢声笑语。

忽然有一天老牛病了,汤水不进,草料不理,眼看着一天不胜一天。牛郎急得不行,就天天牵着它到外边转悠散心。这天傍晚,老牛看周围无人,就对牛郎说了绝话:

牛郎啊,我想给你交代个事。

牛郎停住脚,牛大哥您说吧!

我这病这回是好不了了……

牛郎一听,禁不住放声痛哭。

老牛说,牛郎你别哭,这都是天数,谁也逃不脱的。我死了以后,你就把我的皮剥下来,剥成筒皮,晒干了放好,遇见啥急事了,你就骑上它,一样地会驮着你跑。记住了吗?

明代万历年间刊刻的小说《牛郎织女传》上版画:天孙锦坊织机

牛郎快哭成泪人了,听见问他,连忙回答说记住了!

老牛很快就死了。牛郎遵照老牛的话,剥了筒皮晒干,放在屋里的封棚上。又把它的尸骨埋在屋子后头,还封了个坟头天天祭祀[①]。

几天以后,王母娘娘才知道小女儿织女下凡间洗澡没有回来,急忙派天兵天将下界寻找。很快,他们便访得织女和牛郎的事情,还知道他们生了一双儿女。天上一天,就是地上的一年呢!

再说织女下界几年,虽说生了孩子,心里总感觉不踏实,一遇着阴天下雨云中打雷就害怕,加上又想念母亲和姐姐们,

[①]见神话《牛郎和织女》。讲述人:蔡玉花,71岁,农民。搜集整理:李新明。流传于豫中一带。

就多次跟牛郎要她的仙衣。牛郎牢记着老牛的话,咋着也不给她。这天织女又提起来这件事,牛郎搪塞她,你织的衣服那么多,谁知道你要的是哪件呢?

织女哭了,说,我想要我爹赐给我的那件百霞衣!我来几年了,想爹想娘的时候,能看见它,也就像见了我的爹娘一样。

牛郎的心叫她哭软了,想着也是,自己虽然被哥嫂撵了出来,不也是老做回家放牛的梦吗?她回不了娘家,看看娘家的东西也许能得到些安慰!就告诉了她放仙衣的地方。

织女忙不迭从粪堆下扒出衣服,掂起来猛地一抖,万道霞光,粉红裙如新的一样。她连忙穿到身上,左看看,右看看,高兴得不得了。两个孩子看见,齐拍着手夸娘漂亮。织女想走,又害怕牛郎不让,就扭脸去机房,坐到了织布机旁。牛郎看织女没事了,扛起锄头就下地做活去了。

牛郎锄着地,总感觉心里不踏实,这时候忽然天又变了,乌云压顶,扯闪打雷的,他正要走,就见两个孩子哭着跑过来,齐喊着:娘上天了!俺娘上天了!

牛郎一抬头,就看见织女身穿了百霞裙正往天上飞。牛郎急了,喊一声"织女等我!"拉着两个孩子就往家里跑。到了家,搬梯子够下来牛皮,拿扁担挑起俩筐,大声喊孩子:快上筐里!

两个孩子也都懂事,一头一个,急忙跳了进去。

牛大哥,全仰仗您了!牛郎的话音未落,那牛皮驮起牛郎朝天上飞赶而去。

越飞越近。牛郎看清了,可不是织女自己,原来还有一大队天兵天将呢!

两个孩子也看见了,齐声喊着:娘!娘,等等俺!

织女知道,牛郎和俩孩子跟到天宫里不会有啥好果子吃,就大声喊着不让牛郎追。牛郎这会儿哪听得进这话,追得更急更快了。织女急了,拔下头上的簪子往身后一画,一道天河出现了。

牛郎不怕,哗哗啦啦就趟了过去。

织女更急了,嚓,嚓,接连画了两道。

波涌浪翻,牛郎过不去了!

牛郎气极,织女呀,你咋这么不近人情呢!拿起牛索(轭)子,对着织女砸了过去。一下子砸到织女脚上,疼得她直咧嘴。织女这会儿也恼了,牛郎你真不懂事!禁不住拿起怀里的溜(梭)子,对着牛郎砸过来。女人家没劲,又跑得急慌,溜子砸偏了,掉到了一旁。现在晚上看星空,织女星身边有三颗小星星,那就是牛郎砸过去的牛索子,而离牛郎星不远处的四颗小星,则是织女投过来的尖溜子。牛郎星两边各有一颗小星,那是他的一双儿女。

王母娘娘听了织女的叙述,非常生牛郎的气:俺闺女对你们父子这么好,你还用牛索(轭)子砸俺的脚!就下令惩罚他们:只能逢七见面,平时不能一起生活!

老人星是一个昏头昏脑的家伙,得令后急忙向牛郎、织女二人传达:七月初七见面,平时不能一起生活!

老人星传令有误,被王母娘娘责罚长跪。所以夏日的晚上,抬头仰望南头,你就会发现一个高高个子的老人正跪着反省,脖子里一条长长的铁链一直牵到西北边的八角琉璃井!

明代万历年间刊刻的小说《牛郎织女传》上版画：众鸟飞集宫前

　　以后每届七月初七，凡间的喜鹊都飞到天上去，你衔住我的尾我抵住你的头，用自己的身体为牛郎、织女搭一座便桥，让牛郎织女到桥上相会。为什么喜鹊那样受人喜欢？就因为它们成人之美！牛郎织女见了面，想起他们一起生活的恩爱，想起因自己的过失给对方造成的伤害，就会抱头痛哭。直哭得天昏地暗，日月无光，所以每到这晚，总是浓云密布，阴雨绵绵。这天的雨可不同平常的雨，它是牛郎织女相思的眼泪！据说，这天晚上，若是藏在梅豆架或者葡萄架下静静地潜听，还能听到两人说的情意绵绵的悄悄话呢！

　　你若是再细心点儿还会发现，这天晚上的天河是东西走向的，而别的时候则是南北走向。南北走向的时候牛郎的一

河南南阳汉画像石刻牛郎织女星

双儿女见不到织女。所以民间有"天河南北,小孩不跟娘睡"的说法①。

---

① 见神话《牛郎织女》。讲述人:张蔚之外祖母黄氏,已故。采录人:张蔚,河南大学中文系1986级6班学生。时间:1984年。流传于唐河一带。

第六章　填海移山

精　卫

精卫填海[1]

在遥远的古代，水多地少，海比现在更加辽阔，很多人靠捕鱼为生。有一对夫妇住在大海边，日日辛劳，不知不觉就老了。他们没有孩子。他们想要孩子，天天对上苍祈祷。有一天夜里，老太太做了个梦，说有一个女儿要送给她。老太太就怀孕了，不久生下来一个闺女。因为孩子出生的时候

---

[1] 《山海经·北山经·北次三经》云：又北二百里，曰发鸠之山，山上多柘木。有鸟焉，其状如乌，文首，白喙，赤足，名曰精卫。其鸣自詨，是炎帝之少女名曰女娃。女娃游于东海，溺而不返，故为精卫。常衔西山之木石，以堙于东海。漳水出焉，东流注于河。
——《二十二子》第1352页。上海：上海古籍出版社1986年3月版。
又梁任昉著《述异记·卷上》云：昔炎帝女溺死东海中，化为精卫，其名自呼。每衔西山木石填东海。偶海燕而生子，生雌状如精卫，生雄如海燕。今东海精卫誓水处，曾溺于此川，誓不饮其水。一名鸟市，一名冤禽，又名志鸟，俗呼帝女雀。
——江畲经编《历代小说笔记选》（汉魏六朝）第166页，广州：广东人民出版社，1981年1月版。

院里的石榴树上落下一只小鸟,叫着"精卫,精卫,"声音好听极了。老夫妇就给自己的女儿起名叫精卫。

精卫天真活泼,聪明伶俐,影子似的在院子里飘来飘去,老两口感觉日子甜蜜极了。精卫长到九岁那年,提出要跟爹去海里看捕鱼,爹虽说怕有危险,但还是带她去了。

第一网撒下去,啥也没有捞着。

第二网拉上来,仍然空空荡荡。

爹不灰心,又撒了第三网。等起网到了船舱,才发现只网住拇指大一条小龙。精卫看它小得可怜,就劝爹把它放回大海。

哪承想,小龙一入海中,立即变成一条凶猛的恶龙,张牙舞爪地扑向小船。它说网弄破了它的身体,让它蒙受了屈辱,它要报仇。

爹驾着船连忙靠岸,喊着让她快快回家。

精卫爬上岸,正要拉爹上来,恶龙的尾巴猛地一甩,船碎了。爹被高高地抛起,扔向远方的大海。

精卫跑回家给娘说了,母女俩抱头痛哭。

失去了爹,没有了船,可日子也得过呀!母女俩就编了个竹排放入水中。

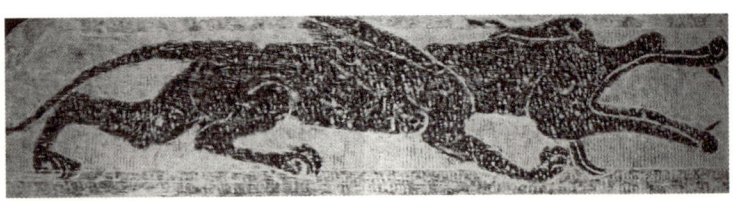

河南南阳汉画像石刻上的应龙

精卫。出自《中国神话传说辞典》

小小的精卫要出海了,她带上斧头,背上干粮,独自驾起竹排。她暗暗下定决心,一定要杀死恶龙,为爹报仇。

恶龙一看精卫又来了,非常愤怒,喷水弄浪要淹死精卫。精卫早有准备,她左躲右闪避过恶龙,一斧头砍下,恶龙的头掉入水中。不幸的是,精卫用力过猛,自己也跌落竹排掉入大海。

精卫死后变成了一只小鸟,在海上不停地飞呀,飞呀……她在海岛上发现了爹,原来爹没有死!

精卫飞到爹的肩头上,大声地对爹说,我一定要把海填平,把您从岛上救出去!

精卫从此就开始衔石填海!从高山到大海,再从大海到高山,她一趟一趟飞着,一粒石子,又一粒石子……日出日入,潮涨潮落,天雨天雪……精卫怕自己忘记了自己,忘记

了自己救父的职责,边飞边喊着自己的名字:"精卫,精卫!"人们听见了,就喊她"精卫鸟"。

精卫累昏在大海边。海鸥把她救起,也加入了填海的行列。海鸥说,精卫妹妹,光靠我们两个是不行的,我们应该去月宫中请嫦娥姐姐帮忙!

嫦娥很同情精卫,就派一只金凤凰前来帮她。

精卫、海鸥和金凤凰正向着大海飞,忽然看见一只老虎要吃穿山甲,金凤凰上前喷火,救下了穿山甲。精卫说,我们要去填海救父,你愿意和我们一同去吗?

穿山甲感激地说,你们救了我的命,我当然愿意帮忙了!等一下,我把我家族的老小都叫来!

精卫、海鸥和金凤凰正飞着,又看见鳄鱼要吃大螃蟹。金凤凰喷出一股火,把鳄鱼烧死了。精卫说,我们要去填海救父,你愿意和我们一同去吗?

大螃蟹感动得满眼是泪:愿意愿意我愿意!我把我们螃蟹家族都叫过来!

精卫,海鸥,金凤凰和成千上万的穿山甲,一望无边的螃蟹大阵……从空中,从地上,结成了团,排成了队,他们不停地传递着石块,大海里,渐渐地隆起来一条大路。很快,大路通到了爹所在的海岛。爹爹得救,回到了家里。

海鸥、金凤凰和那些穿山甲、大螃蟹们高兴极了,他们唱着跳着,把精卫送回到海边的家里,送到盼她回家的爹娘身边。看着精卫和海鸥,金凤凰忽然喷出一团大火。金光过后,精卫又变回原来的模样,成了一个天真活泼的漂亮女孩儿,海鸥则变成了一个英俊潇洒的年轻后生。两人走到爹娘身边,

凤鸟：湖北江陵楚墓出土的绢地串花凤鸟纹彩绘

甜甜蜜蜜地喊了声爹，又甜甜蜜蜜地喊了声娘。从此，一家四口过上了幸福团圆的生活①。

① 见神话《填海》。讲述人：李三。采录人：李林慧、李仁太。时间：1985年10月采录于方城县博望镇。流传于方城一带。

愚 公

愚公盘山①

愚公不姓愚,据说姓吕,叫吕泰山。为什么叫他愚公呢?因为他办事顶真,好认个死理儿。

---

① 《列子·汤问》云:太行、王屋二山,方七百里,高万仞。本在冀州之南,河阳之北。北山愚公者,年且九十,面山而居。惩山北之塞,出入之迂也。聚屋而谋曰:"吾与汝毕力平险,指通豫南,达乎汉阴,可乎?"

杂然相许。

其妻献疑曰:"以君之力,曾不能损魁父之一丘,如太行、王屋何?且焉置土石?"

杂曰:"投诸渤海之尾,隐土之山。"

遂率子孙荷担者三夫,叩石击壤,箕畚运于渤海之尾。邻人京城氏之孀妻,有遗男始龀,跳往助之。寒暑易节,始一反焉。

河曲智叟笑而止之,曰:"甚矣,汝之不惠!以残年余力,曾不能毁山之一毛,其如土石何?"

北山愚公长息曰:"汝心之固,固不可彻,曾不若孀妻弱子!虽我之死,有子孙焉。子又生孙,孙又生子,子又生孙,子又生孙,子子孙孙,无穷匮也。而山不加增,何苦而不平?"

河曲智叟无以应。

操蛇之神闻之,惧其不已也,告之于帝。帝感其诚,命夸娥氏二子负二山,一厝朔东,一厝雍南。自此冀之南、汉之阴无垄断焉。

——《二十二子》第 210 页。上海:上海古籍出版社 1986 年 3 月版。

愚公家住在王屋山的阎家洼里，门前有两座大山，东西向的那座叫太行山，南北向的那座叫王屋山。一出门撞到岭上，过日子很不方便。就说吃水吧，先要翻过一道山梁，越过一条深沟，再下去一个大坡，到另一个村子的井里去挑，往返一次二十多里，需要大半天时间呢！可是就这，他也挑不成了，因为那井是财主智叟家的。最近一次挑水，智叟明确告诉大家，他不愿意让大伙再吃他井里的水了。他说，想吃水，你们到山下的河里挑去！

本来，上一岭下一坡的吃水就够难的了，听智叟这么一说，愚公就上了劲。他思来想去，决定要劈开王屋山，在自己家的门前修一条大路，为子孙后代造福。他把自己的想法给全家人一说，人人都很高兴，连小孙子都拍手称好。

说干就干。第二天愚公就带着儿子们盘山了。"盘山"是当地方言，就是劈山、挖山的意思。愚公在前，儿子们在后，砸石头的砸石头，运石块的运石块。邻居家是一个寡妇，有一个七岁的男孩儿，见愚公家劈山修路，也跟着跑前跑后，和愚公的小孙子一起忙着送饭送水。村里人知道了，也都过来帮忙。

这事很快就传到智叟的耳朵里。一天，他来到工地，看看巍峨的山岭，再看看山岭下劈山运石的几个人儿，禁不住摇了摇头，指着愚公说，你这个老头子，真是愚到家了！这么大个山，你们几个糟人儿就能盘得了？你没想想你多大年纪了？八十多岁了呀！你还能再蹦跶几天？

愚公停下手里的镢头，哈哈地笑了起来，说，你这个老东西才真是愚到家了，愚得连豁牙露齿的童子都不如！这山

今人建的愚公故居

在愚公故居内听琴书

河南济源王屋山的愚公移山雕像

确实高大,可它不会再高了!而我愚公,死了以后有儿子,儿子死了有孙子,孙子又生儿子,儿子又生孙子,子子孙孙,无穷无已,怎么就盘不了这座不会再长的山!

嘿嘿,嘿嘿,那就盘吧!智叟碰了一鼻子灰走了。

老愚公干得更有劲儿,天不明就起床,月出山才收工。日以继夜,夜以继日,风风雨雨,挖山不止。这就惊动了太行、王屋两座山上的山神,愚公们要一直挖下去可该怎么办呢?他们很害怕,立即向玉皇大帝报告了这件事。

玉皇大帝听完汇报十分感动,就派了两个神仙下凡,一个背了山往东,一个背了山往南,把两座山全移走了①。

愚公村内古老的愚公井

---

①张振犁、程健君编《中原神话专题资料》第376页《愚公盘山》。郑州:中国民间文艺家协会河南分会1987年版。讲述人:韩龙书,73岁,农民,不识字。搜集人:张振犁、程健君、胡佳作和胡凤琴、陈志海。流传于济源一带。

后记

后　记

二十七年前,我跟着张振犁先生开始学习民间文学。

二十五年前,我和我的七个同学跟着先生完成了四十万字的《河南民间故事》,那是我们的第一次"实弹演习"。

两年前,我接受先生的重托,把老人家积二十余年心血完成的《中原神话通鉴》的两千多篇、一百四十多万字的稿子进行通编。

一年前,我初步完成了此书的编辑任务而将它交到出版社。

古云,有事弟子服其劳。说实话,在通编先生这部大书的时候,我不是在"服其劳",而是在"学而习"。说学,是因为有许多内容我不熟悉甚至不知道。说习,是因为我要缘久远的回声重温昔日的真容。半年时间,它使我对神话尤其是中原神话有了一个系统的复习和提高。

感谢先生的信任,给了我这个学习的机会。眼下的这本小书,就是这次学习的结果。

我知道,在中国,还没有一本能让普通读者了解和阅读的兼具科学性和文学性的神话读本,我所做的,就是这样一次冒险的尝试。当我把此想法告诉先生的时候,他用八十岁的慈祥微笑着鼓励我:这是又多了一个品种!

感谢先生的大度,在他的大作尚未出版的时候允许我使用书中的材料(注释中的"见神话",大部分引的是先生书中的资料,因先生的书尚未出版,只能这样故意模糊了,也再次请求读者原谅)。

感谢众多的同行和朋友,正是他们二十多年来跋山涉水、走村串户所做的艰辛而复杂的搜集、整理工作,才使我能够比较顺利地完成这本小书。应该永远记住的这些讲述者和搜集采录者的名字是:

讲述人:程玉林、卢一道、王金山、杨永兴、刘永民、张贵同、陈明绍、贾松才、张慎重、何道守、雷北海、张从瑞、张作贞、马师庆、赵衍生、刘初立、陈肃、王国祥、张智杰、孙文林、杨存治、梁实、张振怀、郭大山、高梧林、张天义、李富裕、赵林阁、张造、薛文灿、刘遇三、李新才、贾同然、王生民、王百贞、段庆川、程月英、张树标、李桂枝、李三、韩龙书、张景春、蔡玉花、郭张氏、李成林、赵光华、李广平、李振明、黄炳良、杜加典、李元怀、刘伯欣母亲、王上清、郑福宝、宫熙、甄西庆、巴牧、刘刚、朱玉洁祖母、韩龙韦、王怀修、黄飞瑞等。

搜集采录人:张振犁、程健君、高有鹏、缪华、胡佳作、卢娜、张正朝、秦太明、杨平、杨建军、石栏、连海志、宋大勇、李青霞、王广先、张子多、张正义、冬禾、赵子谋、徐聪敏、杨建军、陈连忠、王小芬、褚书智、凌丁甲、吕春合、张明、任能政、梁士东、杨军茂、刘邦项、李成林、谷良喜、都平君、周存旺、石平君、冯云霄、刘文学、张永林、郭城、王国臻、时海霞、李新明、彭永先、高力升、赵国鼎、李怀全、徐惠甫、蔡柏顺、宋国栋、程建军、王耀斌、袁玉生、张贺勋、李林慧、李仁太、胡凤琴、陈志海、许顺湛、丹书、李庆红、张蔚、郭祥振、王光先、徐东、王怀聚、刘秀森、冯跃东、张楚北、尚立飞、李燕、刘伯欣、王孟晓、张子凯、冯辉、胡汉卿、甄秉浩、王家骏、刘增杰、朱玉洁、胡凤琴等。

我真诚的敬意和感谢再一次献给他们!

孟宪明
丙戌年腊月廿于豫州蛟龙窟